Breve historia
de los
Vikingos

BREVE HISTORIA
DE LOS
VIKINGOS

MANUEL VELASCO

nowtilus

Sé un verdadero amigo de tu amigo,
devuelve regalo por regalo,
recompensa una sonrisa con otra sonrisa.
Y la traición con alevosía.
(Havamal)

Colección: Breve Historia (www.brevehistoria.com)
Director de la colección: Juan Antonio Cebrián
www.nowtilus.com

Título: Breve historia de los Vikingos
Autor: © Manuel Velasco
Fotografías: © Manuel Velasco
Ilustraciones, mapas, ornamentos: Juan Ignacio Cuesta

© 2008 Ediciones Nowtilus, S.L.
Doña Juana I de Castilla 44, 3º C, 28027 Madrid

Editor: Santos Rodríguez
Responsable editorial: Teresa Escarpenter
Diseño y realización de cubiertas: Carlos Peydró
Diseño de interiores y maquetación: Juan Ignacio Cuesta y Gloria Sánchez
Producción: Grupo ROS (www.rosmultimedia.com)

Cuarta edición: Marzo 2008
ISBN 13: 978-84-9763-644-5

Índice

1.ª
Parte

La era
Vikinga

LINDISFARNE, UNA ISLA AL NOROESTE DE INGLATERRA. 7 de junio del año 793, fecha escrita en la historia a sangre y fuego. Los vikingos asaltan el monasterio, lleno de objetos de gran valor y totalmente desprotegido. Comienza oficialmente la «era vikinga».

En este país y en cualquier otro de la cristiandad, las guerras, los robos, los asaltos son cosa frecuente; la vida humana no parece tener demasiado valor. Pero todos respetan los recintos religiosos; realmente, es lo único que se respeta. Por eso, lo que han hecho los vikingos es algo insólito.

A partir de entonces, una nueva plegaria se escribe en los libros religiosos: *A furare normannorum liberanos Domine* (de la furia de los hombres del norte, libéranos Señor), que con el tiempo sería la frase más repetida en los libros de historia vikinga. Aquellos pobres monjes seguramente se sintieron víctimas de algo que ya vaticinara muchos siglos antes el profeta Jeremías pensando en vete a saber qué: «Del norte saldrá el mal y caerá sobre todos los habitantes de la tierra». Más tarde, un monje francés resumió sus ideas sobre los vikingos en estos lacónicos términos: «Cohorte siniestra, falange fatal, hueste cruel». Mientras que otro monje, en este caso irlandés y, por lo tanto, más dicharachero, expresó más o menos lo mismo así: «Aunque hubiera cien cabezas de hierro forjado sobre un cuello; y cien lenguas afiladas, dispuestas, frías y temerarias en cada cabeza; y cien voces locuaces, sonoras e incesantes en cada lengua, no podrían narrar o enumerar lo que han sufrido en común todos los irlandeses, hombres y

Tras el ataque al monasterio inglés de Lindisfarne (793), una imagen similar a esta pudo verse en muchos lugares de las costas europeas. Gracias al poco calado de sus barcos, los vikingos podían acercarse a cualquier playa o introducirse por los ríos. Su táctica básica era el *strandhögg*, ataque sorpresa, rápido y efectivo. (Romería Vikinga de Catoira, Galicia)

mujeres, laicos y clérigos, viejos y jóvenes, nobles y vasallos, en penurias, heridas y opresión en sus casas a manos de esos valerosos, coléricos y absolutamente paganos pueblos». Claro que, al otro lado del mapa, Focio, patriarca ortodoxo, haría todo lo posible por superarlo: «Una nación oscura e insignificante, bárbara y arrogante, súbitamente ha caído sobre nosotros, como una ola del mar, y como un jabalí salvaje ha devorado a los habitantes de esta tierra como si fuera hierba. Los niños fueron arrancados de los pechos de sus madres y sus cuerpos machacados contra las piedras, mientras sus madres eran aniquiladas acabando sobre los cuerpos convulsos de sus hijos. Los ríos se convirtieron en corrientes de sangre, y los lagos rebosaban cadáveres».

Después de esto no es de extrañar que quienes escribieron la historia (los únicos que por entonces sabían escribir) se quedasen con esta sola imagen, identificando a todos los nórdicos como vikingos, bárbaros despiadados.

Tuvieron que pasar siglos para que la arqueología sacase a la luz todo aquello que nos descubrió la faceta «constructiva» de los vikingos, equilibrando así la visión que había perdurado de aquellos «demonios cornudos» caricaturizados hasta lo indecible.

Surgiendo casi de la nada, acabaron siendo el gran motor de la Europa periférica (y poco les faltó para serlo también de América). Tuvieron llamativos y veloces barcos de guerra, los famosos *drakkars,* pero también mercantes, los menos conocidos *knars*. Y de seguro que estos últimos fueron los que más pudieron verse en su tiempo surcando mares y ríos, difundiendo la cultura y el comercio.

SIGLO VIII

HAGAMOS UN VIAJE EN EL TIEMPO...

Supongamos que estamos en Dinamarca, a finales del siglo VIII, concretamente en Jutlandia, la península alargada, plana y pantanosa que apunta hacia el norte.

Los vikingos procedían básicamente de las regiones costeras de lo que actualmente llamamos Escandinavia. Fueron una mezcla de proto-escandinavos, presentes desde la Edad del Bronce, y de algunas ramas célticas y sobre todo germánicas, desarrollando una cultura diferenciada a lo largo de siglos. (Bajorrelieve del Hotel Royal Viking. Estocolmo)

Y ya que podemos elegir, hagamos que esté a punto de celebrarse el *Jolblot*, la fiesta del solsticio de invierno que marcaba la entrada al nuevo año. Así que, cubramos la tierra de nieve y oscurezcamos el cielo. Los campos están desiertos y no sólo por el intenso frío, sino porque este día los vikingos están a punto de celebrar una de sus fiestas más queridas.

Busquemos un camino y hagamos que varias personas, bien abrigadas con gruesas capas de lana, cabalguen por él con sus pequeños caballos nórdicos, exhalando todos nubecillas de vaho. Si alguien ha imaginado que llevan cascos con cuernos, que cambie de idea. Esa es una de las cosas falsas que nos ha transmitido la historia sobre los pueblos nórdicos. Y sabemos a ciencia cierta que no llevaban cuernos porque se han encontrado miles de tumbas en las que al difunto se le enterraba con todo su «equipo de guerra», y en ninguna de ellas había un solo casco con cuernos. Tampoco todos son muy altos, en términos actuales, a tenor del tamaño de las tumbas. Por otro lado, si alguien se ha imaginado a estos jinetes rubios y de ojos azules, puede cambiarle el color a algunos de ellos, pues había de todo.

Y esto no acaba aquí.

Si ellos supieran que nosotros los consideramos vikingos, seguramente se echarían a reír. Estos son daneses y mantienen contactos a través de los estrechos brazos de mar con los noruegos y con los suecos. Tienen un idioma común y similares costumbres, pero es poco probable que utilizasen una denominación que los designase a todos ellos. Desde luego vikingos, no.

Entonces, ¿por qué los llamamos vikingos? Este pueblo nórdico ha pasado a la historia, sobre todo, por las crónicas que escribieron los monjes que sobrevivieron a los asaltos llevados a cabo en Inglaterra, Irlanda o Francia. Y aquellos que se dedicaban al pillaje, el robo y el incendio sí eran vikingos. Podían proceder de cualquiera de las tierras nórdicas, pero la denominación de vikingo era sólo para los que participaban en una de aquellas expediciones. El resto del tiempo vivían en granjas como la que vamos a visitar.

Allí, básicamente, cuidaban de sus cultivos y de su ganado, aunque también había artesanos de todo tipo que fabricaban herramientas, muebles, armas, utensilios, adornos, barcos… Y todo esto lo hacían tanto para uso propio como para intercambiar en los mercados a los que solían ir a comerciar.

Porque este pueblo, al que la historia durante siglos ha tildado de bárbaro, fue el que abrió y mantuvo una de las rutas comerciales más grandes de su tiempo, que llegaba desde Groenlandia hasta Constantinopla, fundando, de paso, ciudades y estados, consiguiendo algo similar a lo que en la Antigüedad hiciesen fenicios, griegos y romanos en el Mediterráneo.

Pero sigamos a la comitiva de jinetes hacia su destino: la granja de Thorsteinn, *jarl* o jefe territorial de esa región, que será su anfitrión de este *Jolblot*. Pero ese no es el único motivo de esta visita. Uno de los jinetes es un joven llamado Ragnar, hijo del rey Sigurd Ring, que dará mucho que hablar en el futuro. Aunque es valiente y está soportando bien el largo viaje bajo las inclemencias del tiempo, en su rostro se aprecia cierta preocupación. Y es que su vida va a dar un cambio importante. Como es costumbre entre muchas familias de vikingos, sobre todo entre los que gozan de cierta prosperidad y mantienen lazos de amistad con otros como ellos, los niños se van a pasar una larga temporada, a veces varios años seguidos, a otra granja, donde sus dueños se encargarán de completar su educación. Y es que, además de posibles envidias familiares, unos padres tienden a ser demasiado tolerantes y otros demasiado exigentes, y ambas cosas pueden llegar a ser igual de malas cuando un joven se tiene que preparar para un tipo de vida en el que continuamente hay que poner a prueba las aptitudes para la supervivencia.

En la granja de Thorsteinn no verá ninguna condescendencia por ser hijo de quien es, ya que justamente por eso tendrá que estar preparado para solucionar todo tipo de problemas y demostrar en todo momento que posee eso que los nórdicos llaman *hamindja,* o sea, la protección de los dioses, que nosotros podríamos llamar buena suerte; y para eso es preciso tener grandes dosis de valor, coraje y audacia. Los dioses vikingos no protegen a los débiles, y de la forma en que cada uno reaccione ante los problemas que surjan en su vida dependerá su buena fama, que es lo más importante tanto en el presente como en el futuro. Como dice el *Havamal,* una especie de «libro de la sabiduría» atribuido al dios Odín, «Tú morirás igualmente, pero hay algo que siempre perdurará: la reputación del difunto».

Cuando llegue el momento, Ragnar no defraudará a nadie. Ahora tiene doce años, pero tan sólo le faltan dos para que su padre le entregue su mejor barco y lo ponga al mando de sus mejores hombres, para que, como si de un violento rito iniciático se tratara, comience a hacerse un lugar en el mundo como vikingo.

Vikingos granjeros

LLEGAN A LA GRANJA Y RECIBEN LA BIENVENIDA de Thorsteinn que ya tiene cierta edad, pero es alto, de torso robusto, y con su melena rubia y la barba trenzada viene a ser el prototipo de vikingo que nos ha legado, no siempre adecuadamente, la historia. Es un personaje importante. Su fama es bien conocida entre los daneses, sobre todo desde que participase junto a unos amigos noruegos en el asalto a la isla inglesa de Lindisfarne, tras el cual, toda la cristiandad supo de la existencia de aquellos fieros demonios.

Lo de Lindisfarne no fue su primera participación como vikingo, ya que había dejado su huella en algunas poblaciones costeras del mar Báltico y de Frisia (ahora, Países Bajos). Algunas de ellas las hizo con su rey, Sigurd Ring, al que llegó a salvar la vida y con el que hizo un «hermanamiento de sangre». Así consiguió la mayor parte de su riqueza y, tan importante o más que eso, buena fama entre los suyos.

Ya tiene casi cincuenta años, lo que le convierte prácticamente en un anciano, pues pocos son los vikingos que llegan a sobrepasar la cuarentena. Aun así, mantiene su fuerza y su mirada altiva y brillante. Y, aunque ya ha abandonado el espíritu aventurero que le llevó a combatir en guerras junto a su rey o a participar en asaltos vikingos a lo largo de cuatro mares, aún sueña con morir con la espada en la mano.

Todo llegará. Pero el hecho de haber alcanzado esa edad y en ese estado de salud es ya en sí toda una proeza, fruto de su fuerza y su inteligencia; también de haber tomado decisiones acertadas en los momentos más comprometidos y de haber sido tan generoso con sus amigos como despiadado con sus enemigos. Pero ningún vikingo aspira a morir de vejez, arrastrando achaques o enfermedades. A quien acaba así le llaman «muerto sobre la paja», como si fuera una vaca en el establo. No es una metáfora muy amable, ya que da a entender que quien así termina es de una categoría inferior, contradiciendo

Hubo muchos tipos de casas en la «era vikinga», dependiendo de la altitud y la disponibilidad de madera. La casa de Thorsteinn podría ser como esta réplica: rectangular, con cimientos de piedra, paredes de tablones y techo de tablillas de madera. Otras podían ser de adobe, piedra o cañizo entrelazado y con techo de paja. (Fyrkat, Dinamarca).

las ideas de otras latitudes según las cuales la muerte iguala a todos. En esa época, cualquier buen vikingo aspira a morir combatiendo con un enemigo digno y a llegar al Valhalla, donde esperará la llegada del *Ragnarok*, el fin de los tiempos.

El joven Ragnar echa un vistazo y comprueba que la prosperidad y la buena fama de que goza el que hará las funciones de padrino es tal como le habían dicho. Cuenta una docena de edificios, dos más que en su propia granja, y todo está bien cuidado, señal de que hay mucha gente para trabajar y, sobre todo, de que están bien supervisados por el jefe y su esposa. Ya tendrá tiempo de conocer cada una de las estancias; pero, de momento, Thorsteinn lo invita al edificio principal: la *skali* o «casa larga». Hubo muchos tipos de casas en los tiempos vikingos, pero esta tendría la estructura más común en las regiones donde abundaban los árboles (más tarde, en Islandia y Groenlandia, al no haber bosques, las casas se harían con piedra y turba). El edificio es amplio, con el techo muy alto en forma de quilla de barco invertida; allí habitan cuarenta personas: Thorsteinn, sus tres esposas y sus diez hijos, y otras familias con las que guardan vínculos de parentesco.

También hay cinco esclavos *(thralls),* capturados como botín de guerra, que realizan las tareas más pesadas de la granja. Disponen de una cabaña aparte para ellos, pero están desprovistos de cualquier derecho. La mayoría de los esclavos provenía de su compra en algún mercado, pero también podían ser vikingos que no podían pagar sus deudas, por lo que tenían que trabajar para sus deudores; en ambos casos podrían llegar a comprar su libertad. Cuando esto ocurría, se hacía una fiesta *(frelsisol)* en la que el esclavo servía cerveza por última vez a su señor y se sacrificaba un cordero. El nuevo (casi) hombre libre, si no contaba con otros recursos, podría quedarse en la granja, aunque siempre estaba en una situación peligrosa, ya que podría ser reesclavizado por «falta de gratitud».

En las inmediaciones de la granja, separada de otras por los cultivos y los pastizales, hay otras tres familias de hombres libres *(carls)* a los que Thorsteinn cedió parte de sus tierras a cambio de su lealtad y su ayuda incondicional siempre que fuese necesario.

Entremos en la casa. Tal vez el olor nos resulte un tanto fuerte. No hay demasiada ventilación: sólo la que proporcionan la puerta y un agujero en el techo, por donde escapa el humo. También están las lámparas, normalmente de sebo de ballena, que atufan lo suyo. Sin embargo, no hay «olor a humanidad», ya que todos los sábados (*vatdagr,* día de lavado) se asean todos y se lavan las ropas, prácticas que en muchos lugares del resto de Europa se hacían sólo dos veces: en primavera y en otoño, anticipándose a las épocas de calor y frío. Y no en todas partes; algún tiempo más tarde, la Iglesia recriminó a los cruzados haber adoptado perniciosas costumbres musulmanas, entre ellas bañarse a menudo.

Un cronista anónimo inglés dejó escrito que los daneses (así les llamaban los ingleses, aunque fuesen nórdicos de otro país) *se bañan todos los sábados, se peinan todos los días y se cambian de ropa a menudo.* Pero todo esto lo describía como algo tan asombroso como negativo, pues, según él, lo hacían "*para conquistar la castidad de las inglesas y procurarse como amantes a las hijas de los nobles*". Puede que también lo hiciesen para conquistar el corazón de las damas inglesas, pero en cualquier caso eran costumbres ya practicadas de manera habitual, aunque tal vez no guardasen unas formas muy refinadas, tal como lo describió el embajador persa Ibn Fadlan cuando vio que todos se lavaban con la misma agua de una palangana.

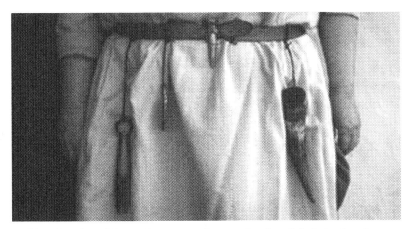

Llevaban los objetos de uso corriente colgados del cinturón al no tener bolsillos las prendas de vestir. En el caso de una mujer, cuchillo, tijeras, rascador para encender fuego y una bolsa de cuero para meter pequeños objetos. (Fyrkat, Dinamarca).

Sigamos con la casa: tiene un hogar central alargado y rodeado de piedras. Sobre el fuego cuelgan varios calderos; también hay unas parrillas y un espetón, para según qué tipo de comida. Las mujeres están realizando toda clase de actividades: amasan el pan, cortan verduras, preparan los platos, las cucharas de madera (cada persona lleva encima su propio cuchillo, y los tenedores aún no se han inventado) y los cuernos para beber. Como Thorsteinn es muy rico, puede permitirse el lujo de tener también algunas copas de cristal que llegaron hasta sus manos tras atravesar media Europa, de mercado en mercado, e incluso algunos cálices, fruto de sus saqueos por territorios cristianos.

En las paredes, a modo de adornos, hay armas y escudos. Algunos son trofeos de guerra conquistados a algún enemigo de especial relevancia, incluso espadas melladas o escudos partidos con manchas de sangre. A lo largo de los laterales hay unas plataformas de madera cubiertas con pieles o mantas de lana. Son camas de noche y asientos de día. No hay dormitorios separados (tampoco el sentido de intimidad que entendemos hoy en día, ya que no existía una vida privada distinta a la pública). Cada familia guarda sus pertenencias en arcones que pueden cerrarse; las llaves cuelgan de los broches (no hay botones y ojales) que unen los tirantes al vestido de las mujeres, pues ellas son quienes detentan la responsabilidad sobre las propiedades de cada familia. También a ellas pertenecen los distintos telares con los que hacen todas las prendas de lana y lino que necesitan para los miembros de esa comunidad. Como la ropa no tiene bolsillos, todo lo que ellos y ellas pueden necesitar en su quehacer cotidiano lo llevan colgado del cinturón.

Thorsteinn, como jefe de la granja, dispone de un pequeño lujo en reconocimiento a su autoridad. Es el sitial, un sillón sobre una tarima que le coloca por encima de los demás. A pesar de que en la granja hay artesanos muy buenos, el trabajo lo hizo un tallador de madera itinerante que labró las tablas de roble con imágenes de barcos y orlas entrelazadas. Fue un regalo de su primera esposa, en los tiempos en que era la única esposa.

Los sillones de este tipo tienen, en la parte posterior, unas largas pilastras (*ondvegissulur*) a las que los vikingos dan una gran importancia. En caso de tener que dejar definitivamente su casa, siempre las llevarán consigo y, antes de llegar a la nueva tierra cuando realicen un viaje de colonización, echarán las maderas al agua para que los dioses que los protegen y los espíritus tutelares de la nueva tierra las dirijan hacia el lugar más idóneo para instalarse; así lo narran muchas sagas de los pioneros de Islandia.

Pero no será en este edificio donde se celebre el *Jolblot*, ya que Thorsteinn dispone de un salón especial para los grandes banquetes, cosa que ocurre bastante a menudo, ya que es la mejor manera de mantener su buena fama, sobre todo ahora que ya lleva varias temporadas sin "salir de vikingo" ni participar en ninguna guerra. Hubo un tiempo en que tuvo a su servicio a una docena de buenos guerreros que le seguían incondicionalmente y que hubieran dado la vida por él en cualquier momento. Y este salón era la residencia de este pequeño ejército durante los inactivos meses de invierno

Berserkers, los guerreros de Odín

LAS GRANDES BATALLAS QUE PROTAGONIZARON los vikingos aún están por llegar. Tanto reyes como *jarls* disponen de este tipo de fuerzas que casi podríamos llamar guardia personal. Entre estos hombres solía haber algunos *berserkers,* denominación que aparece en las sagas referente a los guerreros que combatían en estado de trance *(berserkergang)* y con una ferocidad extrema, empleando una fuerza descomunal y sin la menor preocupación por las armas del enemigo, ya que ellos eran «aquellos a quienes el hierro no puede dañar».

La palabra *berserker* tiene dos acepciones. Por un lado quiere decir «sin camisa», por la costumbre que tenían de rasgarse la ropa y combatir desnudos. Por otro lado, es una derivación de «piel de oso», por ir habitualmente cubiertos con una capa de este material. Menos conocido es el término *ulfhednar*, en el que el oso es sustituido por el lobo.

No se sabe a ciencia cierta quién realizaba este tipo de «alteraciones de conducta» ni si se elegía a algunos individuos especialmente, pero parece ser que el *berserkergang* estaba relacionado con la ingestión de hongos alucinógenos, concretamente con la *Amanita muscaria,* abundante entre los bosques de abedules de la Europa nórdica. Se decía que cuando el dios Odín galopaba sobre su caballo, de la boca de éste caía una espuma roja que, al llegar al suelo, se transformaba en el hongo. Sin duda, el uso de drogas estaba unido a algún tipo de culto más o menos secreto a Odín y a algún tipo de ritual iniciático especialmente violento. Y, probablemente, la transformación síquica y el desarrollo de fuerza respondiesen a una orden hipnótica.

Es de suponer que no convenía a los de su bando ponerse delante de uno de ellos, ya que en esa situación, posiblemente, no estaban en condiciones de distinguir amigos de enemigos. Pero cuando, acabado el combate, la furia se les enfriaba, el agotamiento los dejaba totalmente inútiles, llegando a haber casos de muertes por deshidratación, sin haber recibido ninguna herida.

Pero sigamos con la celebración del *Jolblot.*

Los cuernos, sólo para beber

MIENTRAS LOS ESCLAVOS LLEVAN AL SALÓN todo cuanto va a necesitarse, en el exterior se concentran hombres, mujeres y niños en torno a una gran hoguera. Algunos hacen música con arpas, flautas de hueso y tambores, mientras que, de vez en cuando, el propio Thorsteinn sopla un antiquísimo *lur* de bronce que ha sido patrimonio de su familia a lo largo de generaciones; su ronco sonido se sobrepone a toda la algarabía y llega hasta muy lejos. Le atribuyen el poder de alejar a los espíritus negativos que podrían estar rondando la granja. Nada ni nadie va a impedir esta celebración.

Siguen llegando invitados, que son recibidos con un cuerno bien lleno de *jolaol,* una cerveza con especias elaborada especialmente para esta fiesta. Claro que, quienes tengan más frío, tomarán también un poco de *mjöd,* hidromiel o miel fermentada, que les calentará por dentro tanto como la hoguera por fuera. Todos llevan un regalo para Thorsteinn y su familia; cuando termine la fiesta serán recompensados con otro de similar valor. El joven Ragnar lleva uno de parte de su padre: un cuerno de oro para beber. Es muy antiguo y ha formado parte de muchos botines, unas veces robado a los vivos y otras a los muertos. Thorsteinn pasa los dedos por las figuras en relieve, en las que puede verse alguna especie de ritual de un pueblo antiguo con figuras humanas que llevan largos cuernos sobre su cabeza. (Siglos más tarde, ese cuerno, descubierto en el sur de Jutlandia, daría lugar a la creencia de que los vikingos llevaban cascos con cuernos).

Cuernos para beber con decoración típicamente vikinga. Los más lujosos podían estar engastados en plata y piedras preciosas y disponer de un soporte metálico. Solían brindar con la palabra *skal,* de la que deriva *skull,* «cráneo» en ambos casos, seguramente con reminiscencias de tiempos pretéritos, cuando se bebía en el cráneo de los enemigos (Harnarfjordur, Islandia).

Una vez que los animales que se comerán después han sido sacrificados a los dioses, tal como hacen en todas las celebraciones, todos se acomodan en el interior del salón, que tiene asientos escalonados a modo de gradas; y, mientras la carne se asa en los espetones, cantan y bailan, parando de vez en cuando para que Thorsteinn proponga un brindis por cualquiera de los muchos dioses en los que creen los vikingos. Aunque el principal es Odín, el dios tuerto jefe del Asgard, la mayoría siente más cercano a Thor; por eso su martillo colgando sobre el pecho es el amuleto más común. De hecho, muchos nombres de personas y de lugares estaban formados con el nombre de este dios, como ocurre con nuestro Thorsteinn (Piedra de Thor).

Por fin llega la comida. La carne de jabalí es típica de esta fiesta por ser el animal del dios a quien se rinde especialmente honores: Frey. Los cuernos con *jolaol* pasan continuamente de mano en mano y de boca en boca. De vez en cuando, alguien recita un poema heroico, rememora alguna excitante aventura o propone un brindis por el generoso anfitrión, por «un año de buena cosecha y paz» o por los *minni* o antepasados, que merecen tal recuerdo. Y se suceden las canciones y los bailes hasta altas horas de la noche y se sigue bebiendo hasta la saciedad. En una fiesta como esta la comida es importante y se disfruta pero, sobre todo, es una ocasión para beber, hasta el punto de que al hecho de celebrarla lo llaman *drekka jol*, «beber el *jol*». Ni que decir tiene que todos acabarán borrachos. Tal vez alguien diga algo inapropiado a otro invitado, lo que en diferente circunstancias hasta le habría costado la vida, pero en estas fiestas se da por sentado que nadie tomará en cuenta lo que se diga en estado de ebriedad. Durante el día, los *jolegeiti,* jóvenes disfrazados de cabras, harán todo tipo de travesuras. Al temprano atardecer volverán las hogueras, los sacrificios y la nueva celebración.

Y así continuará durante trece noches (los vikingos contaban los días por noches y los años por inviernos): seis antes y seis después de la «noche madre», cuando suben una pequeña colina cantando, gritando y tocando trompas de madera para despedir al sol (por esta costumbre serían denominados

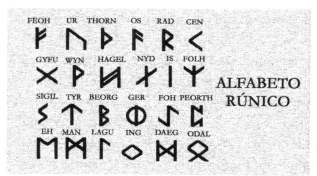

FEOH UR THORN OS RAD CEN

GYFU WYN HAGEL NYD IS FOLH

ALFABETO RÚNICO

SIGIL TYR BEORG GER FOH PEORTH

EH MAN LAGU ING DAEG ODAL

Las letras del alfabeto rúnico con sus respectivos nombres.

«adoradores del sol» por algunos cronistas musulmanes). Poco a poco, ese sol parece hundirse tras el mar, cediendo su poder a la noche, comienzo en este caso tanto del nuevo día como del nuevo año. Ellos no lo saben, pero según el calendario cristiano, también se va a cambiar de siglo.

Después de las trece noches y terminada la resaca de la fiesta, los invitados regresan a sus casas y la granja de Thorsteinn recobra la normalidad. El invierno sigue su curso normal. Continúan las nevadas y los caminos se hacen intransitables; los lagos se hielan y las noches siguen pareciendo eternas. ¿Supondrá esto inactividad, aburrimiento, depresión? Nada de eso.

Los esquís y los trineos, o las raquetas para caminar sobre la nieve y los patines de hueso para deslizarse sobre el hielo, hace mucho que están inventados. De vez en cuando, saldrá una partida de hombres para cazar osos o renos. Cuando las inclemencias del tiempo lo impidan, las mujeres avanzarán con los tejidos de sus telares; los artesanos tallarán sus maderas o darán forma a sus joyas. Unos y otros jugarán al *hnefta-*

fi, un juego de mesa autóctono, o a otros foráneos, como los dados o las damas.

Y los más viejos inculcarán a los jóvenes, directamente o a través de historias, un código de honor basado en las nueve nobles virtudes, que podrían resumirse más o menos así: coraje (sé audaz y valeroso; lucha por tus convicciones), honor (actúa con nobleza y según tus principios), hospitalidad (comparte las cosas libremente con los demás, sobre todo con los viajeros que acudan a tu casa), laboriosidad (permanece activo y trabaja siempre poniendo todo de tu parte), lealtad (mantente fiel a ti mismo, tu familia, amigos, grupos de los que formas parte, y a los dioses y diosas), sinceridad (sé sincero en todas las ocasiones, con los otros y contigo mismo), autodisciplina (lucha contra el desorden interno y externo, crece como persona) y perseverancia (consigue lo que te propones y haz las cosas hasta sentir que están completas y bien hechas).

Los vikingos usaban el lenguaje rúnico para comunicarse por escrito. El lugar más extraño donde un vikingo escribió runas es en este león que estuvo en el puerto de El Pireo, Atenas, y ahora en Venecia. (Réplica del Museo de Historia, Estocolmo, Suecia)

Algunos también aprovecharán este tiempo para aprender la escritura rúnica. Sepamos algo más sobre esto:

El alfabeto rúnico recibe el nombre de *futhark* por ser estas sus seis letras iniciales (Fehu, Uruz, Thurisaz, Ansuz, Raido y Kenaz). No se sabe si el orden de las letras respondía a algún tipo de secuencia conceptual relacionada con su forma de vida y pensamiento.

Hubo tres *futharks* históricos: el original germánico, de 24 runas; el anglosajón, de 33; y el nórdico, de 16. No se sabe bien qué pudo llevar a los nórdicos a reducir el *futhark* inicial de 24 signos a 16 al comienzo del siglo IX, precisamente cuando ellos, debido a los contactos con otros países, enriquecían su lenguaje con nuevos fonemas. Justamente por ese motivo, los anglosajones habían aumentado el número de runas a 33. En cualquier caso, los vikingos redujeron los signos de sonido similar (p, b, t, d) a una única runa (un proceso parecido al que ahora se utiliza en los sms). Tal vez fuese simplemente una manera de hacerlo más accesible a las masas dentro de una especie de programa de alfabetización, ya que, al margen de su uso mágico, el alfabeto rúnico debió de ser conocido por bastante gente, ya que muchos objetos de uso cotidiano encontrados entre los restos arqueológicos vikingos, como peines, bastones o joyas, llevan grabado con runas el nombre de su propietario; y, a veces, algún tipo de mensaje rúnico sencillo. Asimismo, con runas se escribía en tablillas usadas sobre todo por los comerciantes y los reyes; podían ser tanto un calendario como una declaración de guerra o unas anotaciones financieras.

El nombre de cada runa es un elemento asociado a la vida cotidiana de aquel pueblo: el ganado, la cosecha, el hielo, el sol, el agua, la rueda. Al mismo tiempo, simbolizan una fuerza de la naturaleza o un concepto, como la creatividad, la destrucción, la fuerza. Cada runa también está asociada a un árbol o una planta. Y no sería muy descabellado pensar que hubiera clanes con nombres rúnicos, sobre todo los que representan animales que, en caso de guerra, irían en los banderines identificativos de cada grupo contendiente.

Algunos runólogos afirman que el *futhark* representa el punto de vista masculino y patriarcal de las culturas que lo usaron, ya que aparentemente no hay en las runas ningún concepto de los asociados tradicionalmente con el mundo femenino (aunque las mujeres también podían conocerlas; como veremos más adelante, ellas tenían su propia magia y sus propios métodos). Es curioso que tampoco haya ninguna relación con el concepto de realeza o soberanía; y es que en el mundo vikingo original, antes de llegar las influencias feudales europeas, el rey era alguien a quien se elegía y a quien se podía destituir si no cumplía con las expectativas. En las colonias de Islandia y Groenlandia ni siquiera llegó a nombrarse monarca.

Ya tenemos a todos ocupados durante el día, trabajando, entreteniéndose y aprendiendo; pero la larga noche invernal permite otro tipo de actividades: tras la cena, alguien revivirá en torno a la lumbre la magia de los viejos tiempos, narrando sagas y leyendas repetidas cientos de veces; pero que siempre serán esperadas como si fuera la primera vez.

Escuchemos al propio Thorsteinn narrar parte de la *Saga de Volsung* a su manera:

"Volsung vivía en Branstock, la enorme casa construida alrededor de un gigantesco roble cuyo tronco ni veinte hombres podían abrazar y cuyas ramas hacían de techo. Allí tuvo una pareja de gemelos: el valiente Sigmund y la bella Signy, más algunos bastardos que nacieron más tarde. Todos crecieron fuertes y hermosos.

Cuando le llegó la edad, Signy fue comprometida con Siggeir, de Gotland. Desde allí llegó este rey acompañado de sus mejores hombres. Todo ocurrió de la manera habitual pero, justo al terminar la ceremonia, llegó un anciano de largas barbas blancas, que llevaba un sombrero ancho que casi le cubría la cara y que, sin mediar tan siquiera un saludo, dejó clavada una espada en el roble. Entonces dijo: «Regalo esta espléndida espada forjada por los enanos a quien sea capaz de sacarla».

Nadie supo decir después qué fue de aquel anciano pero, inmediatamente, uno tras otro, todos los hombres gastaron inútilmente sus fuerzas intentando sacar la espada. Cuando llegaron a convencerse de que no eran ellos los elegidos, se entregaron a una borrachera que les hizo olvidar esa pequeña afrenta. Entonces, el joven Sigmund, que no tenía a nadie de su edad con quien compartir la fiesta y ya estaba harto de las fanfarronadas y groserías de aquellos burdos guerreros, se levantó para observar de cerca las inscripciones rúnicas de la espada, puso su mano sobre el pomo y, sin pretenderlo siquiera, la espada se deslizó suavemente fuera del tronco.

Poco a poco se hizo el silencio, y todas las caras enrojecidas por la bebida y el calor de la hoguera se volvieron hacia él. Siggeir, que no había participado en la prueba debido a su condición real, y sobre todo desde que vio el resultado en sus mejores guerreros, le ofreció oro a cambio de la espada. La cantidad se dobló varias veces, recibiendo siempre la negativa del joven. Y Volsung se abstuvo de persuadir a su hijo, teniendo en cuenta las palabras que dijese el anciano visitante.

Tan mal le sentó aquello al rey Siggeir que regresó a su tierra al día siguiente, cuando aún debería seguir la fiesta de boda, no sin antes arrancar la promesa a Volsung de que le iría a visitar a sus tierras de Gotland.

Y pasado algún tiempo, Volsung, junto a sus hijos y algunos de sus hombres, se hizo a la mar en un barco de guerra sin mascarón de proa, que les llevó con buenos vientos hasta Gotland; aunque allí, nada más desembarcar, recibieron la precipitada visita de Signy, que previno a su padre para que se fuese inmediatamente, ya que Siggeir había preparado gente para matarlos a todos.

Pero su padre se negó rotundamente: «No he llegado a viejo huyendo de mis enemigos. Si mi muerte debe acontecer aquí, pues que así sea».

Al día siguiente, Volsung y sus hombres llegaron ante la fortaleza de Siggeir. Como este vio que llegaban preparados para cualquier cosa, creyó inútil fingir. Así que se inició la inevitable lucha. Como las fuerzas de Siggeir eran muy superiores, sólo sobrevivieron a la matanza los tres hijos de Volsung.

Ante los ruegos de Signy, su esposo no mató a los hermanos, aunque el castigo que les infringió resultó ser mucho peor, ya que esa noche comenzaba la luna llena.

Atados a un árbol, fueron testigos de la llegada de un gran lobo que devoró al más joven de ellos. La siguiente noche ocurrió lo mismo con otro. Avisada Signy de lo que estaba ocurriendo, tuvo una idea para salvar a Sigmund. Mandó a un sirviente para que untase de miel la cara de su hermano.

Cuando llegó el lobo por la noche, no pudo resistirse al dulce olor y comenzó a lamerle la cara, hasta que metió la lengua en la boca de Sigmund. Entonces, éste se la mordió con tanta fuerza que aguantó las terribles sacudidas de la bestia hasta que, al final, las cuerdas que le ataban al árbol se rompieron y el lobo murió desangrado, tomando finalmente el aspecto de la madre de Siggeir, que era una bruja capaz de tales transformaciones. Sigmund regresó a su tierra.

Pasaron algunos inviernos. A pesar de que Signy había tenido un hijo de Siggeir, no dejó de pensar en otra cosa que no fuese la venganza por la muerte de su padre y dos de sus hermanos. Y esa idea fija le corroía las entrañas, impidiéndole cualquier atisbo de felicidad.

Un día, mientras su marido andaba en una larga guerra contra los svear, ella subió a un barco con su hijo y se dirigió a la tierra de los Volsung, en busca de su hermano. Grande fue la alegría de ambos al reencontrarse, aunque Sigmund se extrañó del motivo real de aquella visita.

«Ya no puedo vivir más pensando en que mi padre aún no ha sido vengado», le dijo Signy. «Y te he traído a mi hijo para que lo pongas a prueba para ver si tiene el valor de un Volsung. Y si lo tiene, prepáralo como un hombre para que participe en la venganza familiar».

Señalando un saco de harina en el que había metido una serpiente, Sigmund le dijo al muchacho que preparase pan mientras ellos iban al bosque a por leña.

Cuando regresaron a la cueva, el pan estaba sin hacer. «Vi moverse algo por dentro y sentí», dijo el muchacho.

«En ese caso no mereces seguir viviendo», le dijo fríamente su madre. Y ella misma lo mató.

Por eso, Signy, corroída aún más por el deber sagrado de vengar a los suyos, ideó otro plan. Necesitaba tener un hijo con alguien que le trasmitiese la valentía de los Volsung. Y ese sólo podía ser Sigmund. Pero éste se negó.

Así que pagó con buen oro a una joven bruja con ciertas habilidades especiales, y a cambio consiguió que entre ellas se intercambiasen sus apariencias durante tres noches seguidas. Y Signy, bajo el aspecto de la bruja, yació con Sigmund sin que éste sospechase lo más mínimo.

Así llegó a nacer Sinfjotle, por cuyas venas sólo corría sangre Volsung. Ya de pequeño supo por su madre de su auténtica y única estirpe, de la muerte de su abuelo y sus parientes, y de la necesidad de venganza contra el que, ilusamente, se consideraba su padre.

Pasó el tiempo. Cuando su madre consideró que ya tenía una edad adecuada, aprovechando que Siggeir se encontraba guerreando una vez más, se lo llevó a Sigmund. Éste le hizo la misma prueba que al anterior, y cuando regresaron del bosque, el pan estaba hecho.

«¿Viste que algo se moviera en el saco?», le preguntó. El joven respondió: «Sí, había una serpiente, pero me dio igual y saqué la harina para hacer el pan, tal como tú me dijiste».

Signy regresó a su fortaleza llena de orgullo, dejando al pequeño Sinfjotle a cargo de su hermano.

Pasó el tiempo. Padre e hijo marcharon a Gotland, pero allí cayeron en una trampa preparada por el rey Siggeir. Éste, además de alegrarse de tener en sus manos la espada que dejase aquel enigmático anciano el día de su boda, ordenó que se les diese una muerte tan lenta y tan terrible como era enterrarlos vivos.

«Derechos al Hel», les increpó. «No tendréis la menor oportunidad de reuniros con vuestro padre, que al menos murió honrosamente, atravesado por mi espada».

A la luz de las antorchas, sus hombres cavaron una fosa con el entusiasmo propio de la victoria y de los cuernos de cerveza que corrían de mano en mano. Y allí arrojaron a padre e hijo. Pero antes de que pusieran encima una piedra rúnica robada a los svear, Signy se acercó, confundiéndose todo lo que pudo con las sombras, y dejó caer la espada de Sigmund.

Cuando todos se fueron a dormir, Sigmund y Sinfjotle se turnaron con la espada hasta que consiguieron romper la piedra y escapar de su ataúd-prisión. La borrachera y la seguridad de que aquella noche no iban a tener más problemas habían hecho que no quedase nadie montando guardia. Entonces, amontonaron leña alrededor de la casa de Siggeir y le prendieron fuego, quedándose en la puerta para rematar a todo el que saliese huyendo por ella.

Sigmund llamó a su hermana para que saliese de allí con todo el botín que pudiese recoger, pero Signy se asomó y le dijo: «La mitad de mi vida la he dedicado a preparar esta venganza. Llegué a matar a mi primer hijo porque no tenía suficiente valor para llevarla a cabo. Y ahora me siento orgullosa de que Sinfjotle te haya ayudado, demostrando que es un Volsung. Siggeir ha muerto asfixiado por el humo. He conseguido el propósito que me ha mantenido con vida estos tristes años. No hay nada más que me quede por hacer».

«Pero debes venir a nuestra casa, allá en el bosque donde nacimos», le dijo Sigmund.

«*Salí de aquella casa forzada por un matrimonio*», respondió Signy. «*Ahora puedo elegir qué hacer con mi vida. Y ya he elegido la muerte. Moriré libremente al lado del marido con el que me obligaron a casarme*».

Dio el último abrazo a su hermano y a su hijo y entró en la casa, que ya estaba a punto de ser devorada por las llamas.

Ellos, con la tranquilidad de conciencia que da el deber cumplido, regresaron a Branstock, la enorme casa construida alrededor de un gigantesco roble.

SIGLO IX

DEMOS UN SALTO EN EL TIEMPO, aunque no en el espacio. Seguimos en la misma granja, pero algunas décadas después. Hace unos días que ha terminado el *sirgblot*, la fiesta con que se da la bienvenida a la primavera. El silencio blanco ha sido suplantado por el canto de las gentes, por el paso del agua entre las torrenteras, por el crujir de los carruajes en los caminos, por los martillazos de los artesanos o los juegos de los niños, además de todo tipo de gorjeos, cacareos, graznidos, balidos…

La rueda de la vida sigue. La granja ha aumentado de tamaño, pues ahora la habitan cincuenta personas. Algunos edificios siguen igual, otros se han reconvertido y también los hay totalmente nuevos: almacén, granero, establo, herrería, taller de artesanos, cobertizos para los útiles de pesca y agricultura y hasta el pequeño gran lujo de una cervecería y un retrete comunitario cubierto. Todo esto es un buen signo de prosperidad.

Ritos de pasaje: del nacimiento a la muerte

Ahora el jefe de la granja es otro Thorsteinn, vikingo y mercader a partes iguales. Es nieto del que conocimos y tiene dos esposas y cinco hijos vivos. El último de ellos ha nacido hace nueve días, por lo tanto hoy va a recibir su nombre.

Observemos la ceremonia:

Su padre lo toma en sus brazos y realiza el *ausa vatni,* o sea que asperja agua sobre él tres veces con una rama (no en el sentido cristiano del bautismo, que en nórdico recibió el nombre de *skirn* o purificación). Después, le hace el signo de Thor (una T invertida, con el puño), invocando la protección de este dios, y le da, finalmente, el nombre. A partir de entonces, un espíritu habita ese cuerpo, y el nuevo individuo ya es oficialmente un miembro de la familia y, por extensión, de toda la comunidad, con todo lo que ello supone. Además, hoy se plantará un árbol en su honor.

En caso de que este bebé hubiese nacido deforme, hubiera sido *úborin börn* o «no aceptado» y expuesto, o sea» dejado a la intemperie por la noche para que muriese, seguramente comido por los animales. Es el padre quien tiene esa prerrogativa en la sociedad vikinga, pero en caso de que no estuviese presente, sería la madre quien ejerciese ese poder sobre la vida y la muerte de su hijo. (En Noruega, tras la implantación del cristianismo, se mantuvo por un tiempo una forma alternativa de exposición para un bebé deforme: se le llevaba a la iglesia más cercana, donde era bautizado, y ya podía ser expuesto en un lugar que no fuese frecuentado por hombres ni por ganado).

Pero, si todo sale bien, el cuerpo del bebé recibe el alma y el nombre, ya que estos dos conceptos estaban directamente entrelazados y conformaban, de alguna manera, el futuro del nuevo ser. Por eso, era bastante corriente que recibiese el mismo nombre de algún admirado familiar fallecido recientemente, porque se suponía que así recibiría algunas de las características de aquella persona, e incluso que su espíritu retornaba a la propia familia dentro de ese nuevo miembro.

El apellido se formaría con el nombre del padre y añadiendo el sufijo *-son* o *-dottir* (hijo/a de). En este caso Thorsteinnson. En algunos casos, el niño recibía también un nombre «cariñoso», que era usado exclusivamente por familiares y amigos. Años más tarde, puede que recibiera un *heiti* o apodo, muy utilizados, tal vez debido al limitado repertorio de nombres autóctonos para una población que creció tanto. Este podría reflejar características físicas (*sterki,* fuerte), costumbres (*mjöksiglandi,* viajero), temperamento (*hardrade,* despiadado), profesión (*smildur,* herrero), creencias (*kristni,* cristiano). Existen algunos apodos que quedaron escritos en alguna saga pero de los cuales no se conoce el significado, como son *buna* y *bjolan*.

También existían ceremonias para adoptar oficialmente a un hijo, en la que el joven era presentado a la comunidad por su nuevo padre; el nuevo miembro oficial de la familia llevaría en su apellido el sufijo *-fostri.* Si el padre tenía un apodo que se usase más que el nombre, el apellido se formaría con aquél, como ocurre con el protagonista de la *Saga de Gisli Sursson*, siendo Sur el apodo de Thorbjorn, su padre.

Carpintero usando una hachuela para alisar una tabla.
Parece ser que, al no utilizar la sierra, los tablones eran más
resistentes, tanto si se usaban en la construcción de una casa
como en un barco (Ribe, Dinamarca).

Así que tenemos un nuevo miembro en la granja, pero hace unas semanas se fue otro: el padre de Thorsteinn. Aún está en la memoria de todos aquella ceremonia.

Al amanecer, varios hombres salieron con sus herramientas hacia un lugar determinado de la costa, donde cavaron una oquedad alargada, suficientemente grande como para que cupiese el barco del difunto (unos 50 metros de largo). Mientras tanto, otros cortaron los troncos con los que el carpintero confeccionó la cámara fúnebre, a modo de una pequeña casa, con las paredes adornadas con tapices.

Mientras tanto, en la granja, habían lavado el cadáver y lo habían vestido con sus mejores ropas. Después lo llevaron en un carro tirado por bueyes. Cuando llegaron, a mediodía, todo estaba preparado. Los familiares terminaron por ordenar en la cámara todo lo que llevaban: las armas, las joyas, los utensilios y las provisiones que el muerto necesitaría en su viaje a la otra vida.

Entonces se sacrificaban los caballos y los perros que en tantas ocasiones habían acompañado al difunto. Y también su esclava favorita, que se presentó voluntaria para esa última travesía de su amo. En pocos minutos el fuego acabó con el barco, y un montículo de piedras es todo cuanto recuerda el lugar de la inhumación.

Sigamos con la vida cotidiana de la granja.

En las últimas semanas, las horas de luz y la temperatura han ido aumentando, haciendo que la gente prefiera realizar sus actividades al aire libre, sin importarles que muchas veces se empapen por las frecuentes lluvias o se ensucien de barro. El trabajo está bien repartido: cortan leña, reparan los tejados, sacan los barcos de los cobertizos, revisan arreos y correajes, cortan las piezas de tela, preparan los tintes o ponen parches en los zapatos. Algunos preparan brea, que será utilizada tanto para calafatear los barcos como para tapar los agujeros de las paredes, empapando con ella una especie de estropajos de cáñamo; y hasta la curandera se quedará con cierta cantidad, ya que este producto, procedente de la savia del pino, es muy bueno para la soriasis o para curar heridas.

Los *smidr* o artesanos comienzan a producir los objetos que Thorsteinn llevará en su barco el próximo verano: toneles, broches y hebillas, mangos de espada, tallas de cuerno y madera; el joven carpintero se atreverá este año con un carro desmontable similar al que construyó hace años su padre, adornado con imágenes de la *Saga de Hervor*.

Vacas, cabras y ovejas pastan libremente tras haber pasado el invierno encerradas en los establos, comiendo heno. Con las personas ha pasado algo parecido, ya que la carne y el pescado secos y salados acaban cansando; pero ahora los hombres salen a cazar y pescar, mientras los niños van a recoger setas y bayas silvestres por los alrededores. Por otro lado, pronto tendrán los frutos de la tierra y los huertos que ahora aran, siembran y estercolan: avena, centeno, cebada y trigo; ajos, cebollas, guisantes, repollos, judías, zanahorias. Una vez terminada la jornada, comienzan su entrenamiento con las armas y algunos hasta se atreven a darse un chapuzón en el río, que aún arrastra trozos de hielo.

También es el momento para ese ritual de pasaje que lleva a los niños o niñas a ser considerados hombres y mujeres y parte integrante, con todas las consecuencias, del grupo social al que pertenecen.

En el caso de los varones, las pruebas debían suponer un desafío en el que mostrasen sus habilidades y destrezas tanto como la capacidad para enfrentarse a situaciones inesperadas, bien en solitario o como parte de un grupo. En los casos más extremos, podría incluir la primera participación en un viaje de saqueo.

En los primeros tiempos de la «era vikinga», la prueba solía hacerse a los 13 ó 14 años, retrasándose más tarde hasta los 15 ó 16, según el área. Los nuevos hombres recibían una espada como regalo. A partir de entonces, ya tenía todos los deberes y derechos de cualquier adulto. La subsiguiente fiesta, además de comida y bebida en abundancia o augurios y regalos de los familiares, podría incluir la primera experiencia sexual.

Para las muchachas era un ritual distinto, ya que debían pasar sus ritos tras la primera menstruación. No se sabe tanto de estos, ya que quienes escribieron las sagas o las crónicas eran hombres, desconocedores de los «misterios» femeninos, que, por otro lado, las mujeres tampoco eran muy dadas a difundir.

Al contrario que el rito masculino, que se desarrollaba en el exterior, el femenino era algo más íntimo, y los hombres quedaban excluidos. A falta de más datos, es fácil deducir que debía de ser una fiesta de camaradería femenina, en la que la joven se sentiría una más entre las mujeres. Habría brindis por las diosas Frigga y Freya y, al final de la jornada, los hombres serían llamados para participar en el resto de la fiesta. La nueva mujer ofrecería un cuerno de bebida a su padre o pariente adulto más cercano, y su madre anunciaría oficialmente que había otra mujer en la comunidad.

Ampliando horizontes: de Irlanda a Bizancio

Las aguas del mar están lo suficientemente transitables como para que salgan las barcas de pesca y también para que lleguen algunos vecinos que saben que serán bien recibidos por Thorsteinn, aun cuando no hayan sido invitados expresamente. Como dice el *Havamal*: *"sin amigos, ¿vale la pena la vida?"*.

Ellos traen las últimas noticias, que provienen de los dos extremos de Europa:

Por un lado, los vikingos suecos han establecido la larga Ruta del Este, que acaba en Constantinopla, ciudad que viene a ser el centro del mundo en aquella época, pues es el lugar donde convergen todos los caminos de oriente y occidente, y eso significa nuevos mercados, nuevas mercancías, prosperidad. Pero no es una ruta fácil ya que, una vez atravesado el mar Báltico, los barcos deben remontar los ríos a contracorriente, atravesando territorios plagados de tribus eslavas hostiles que unas veces les atacarán y otras, incluso, cruzarán cadenas de orilla a orilla para obligarles a pagar tributo. Y, una vez que se termina el río, los barcos deben ser descargados y transportados sobre rodillos de troncos por tierra durante kilómetros, con la correspondiente mercancía y manteniéndose continuamente alerta, hasta encontrar el río Dniéper, que corre hacia el sur, aunque han de sacar los barcos nuevamente en las zonas de rápidos. Finalmente llegan al mar Negro, en cuya orilla opuesta está Miklagard, la Gran Ciudad, que es como los vikingos llaman a Constantinopla, capital del Imperio Bizantino.

Algunos, tomando otra ruta más larga, por el río Volga llegan al mar Caspio y desde allí a Bagdad, que también es el fin de viaje para las rutas de los mercaderes del lejano oriente. Como resultado de todo esto, ya han empezado a circular por las tierras nórdicas especias de colores y aromas desconocidos; nuevas telas y artesanías, como la seda y la marroquinería, y esclavos y esclavas de exótico semblante. Y, sobre todo, plata procedente de las minas árabes, en forma de joyas o monedas, que será fundamental en la economía vikinga (cuando las minas árabes quedaron exhaustas, todo el mundo nórdico se vio afectado en una especie de efecto mariposa).

Por otro lado, a los vikingos les ha ido bien en Irlanda. Allí, aunque denominan a todos los nórdicos como *lochlannaigh* o habitantes de los lagos, a los noruegos les llaman *finngheinnte* o extranjeros blancos, mientras que los daneses son *duibhgeinnte* o extranjeros negros (sin que ahora se sepa a ciencia cierta el simbolismo de estos colores). Al ser este un país dividido hasta lo indecible y con cientos de reyezuelos que no tienen mejor cosa que hacer que pelearse entre ellos continuamente, ha sido fácil entrar sin apenas oposición y conseguir alianzas entre algunos de ellos, que así han visto reforzado su poder. Eso ha permitido que muchos vikingos, tras casarse con irlandesas, se hayan asentado definitivamente allí. También han fundado dos ciudades portuarias llamadas Dubh Linn (Dublín) o Westfjord (Wexford), engrosando así el número de mercados a los que cualquier vikingo tiene acceso. Y es una isla perfecta tanto para ejercer de colono, como de mercader o de vikingo; esto último por la enorme cantidad de monasterios cargados de valiosísimas joyas y sin ningún tipo de protección.

También hay noticias de asaltos vikingos, que prácticamente ya son rutinarios en Europa, como los de Dorestad, Hamburgo, Ruán, Burdeos o París; algunas de estas ciudades quedan completamente devastadas. La única novedad al respecto es el gran volumen de vikingos involucrados en estas expediciones, y el hecho de internarse largas distancias por los ríos.

Pero los vecinos de Thorsteinn han venido con ganas de divertirse, así que todos los días se organizan diversas competiciones: levantamiento de troncos sujetándolos desde un extremo, puntería con lanzas y flechas, carreras por tierra y agua, y algo que gusta especialmente a todos, aunque más de uno acabe herido: el *knatlirk,* un juego multitudinario con una pelota de cuero, y la *glima,* una especie de lucha libre. Y por las noches continuarán las competiciones: de rapidez en beber un cuerno de cerveza, de improvisar poesías, de adivinanzas, de heroicidades de sus antepasados a través de las sagas de cada familia.

Entre los vecinos hay un *berserker,* muy solicitado en tiempos de guerra o para formar parte de una expedición de saqueo, pero que en tiempos de paz supone un gran problema para quien lo tenga a su lado, ya que no le resulta nada fácil adaptarse a la vida cotidiana de la granja. (Saxo Grammaticus escribió,

La mujer vikinga tenía, en su época, unas prerrogativas impensables que fue perdiendo con la implantación del sistema feudal cristiano y sólo recuperaría casi un milenio después. Entre ellas, que una agresión con herida por parte del cónyuge era causa automática de divorcio (Harnarfjordur, Islandia).

cuando ya no existían: *Tan indignantes y libres son sus maneras que violaban a las esposas e hijas de otros hombres. Ningún aposento nupcial está libre de su lujuria*). Además, a veces llega a entrar en trance de manera involuntaria, y entonces es muy difícil de controlar. Sólo el recuerdo de las batallas ganadas gracias a él ha impedido que sea «apartado al bosque», como ocurre con otros *berserkers* que deben llevar vida de forajidos, separados de la gente normal, hasta que son llamados para volver a ejercer esas cualidades que al mismo tiempo son su sustento y su maldición.

Llegan los cristianos

CONCLUIDAS LAS TRES NOCHES DE HOSPITALIDAD, Thorsteinn recibe otra visita, esta vez por tierra y más inesperada. Y es que, otra novedad en esta época es la llegada de los primeros misioneros cristianos a tierras danesas. Uno de ellos es Ansgar (que pasará a la historia por la *Vita Ansgarii* que escribió uno de sus discípulos).

Al igual que su predecesor, Ebo de Reims, Ansgar llega hasta las tierras danesas para esparcir las simientes de la palabra de Dios entre aquellos paganos que parecen haber surgido del mismísimo infierno. Si otros lo hicieron antes con los irlandeses o los sajones, ¿por qué no lo van a conseguir con los vikingos? Los *jarls* y los reyes serán sus principales puntos de atención, debido a la influencia sobre la gente; si uno de ellos se convierte, puede considerarse que todos por debajo de él lo harán. Por otro lado, también son una buena fuente para obtener fondos con los que levantar iglesias y continuar el camino.

Podemos considerar a Ansgar como el primer extranjero que pisa la granja de Thorsteinn. En su camino hacia el norte ha podido ver (y, seguramente, asombrarse) de que la forma «habitual» de vida entre los vikingos no es demasiado diferente a la de cualquier otro sitio, aunque algunas cosas le llenan de consternación, como esa poligamia que los misioneros han llegado a llamar *more danico,* la costumbre danesa. Teniendo en cuenta la proverbial misoginia eclesiástica, no es de extrañar que también le asombren las prerrogativas (que hoy llamaríamos feministas) de las mujeres vikingas, como que pudiesen solicitar el divorcio (una causa automática para el mismo era la agresión con herida), que mantuviesen, de casadas, el control de sus propiedades y pudiesen disponer de ellas a su antojo sin necesitar el visto bueno de sus maridos, o que la menstruación no fuese un tabú, o el hecho de que una granja como esta, mayor que muchos poblados de su país, quede en manos de la *husfreya,* la señora de la casa, cuando Thorsteinn se ausenta en el verano para "salir de vikingo" o para comerciar, cuando en los territorios cristianos esa función recaería en el hombre de confianza, e incluso puede que la esposa se viese obligada a ponerse un cinturón de castidad.

Tras todos estos despropósitos, tan contrarios a las costumbres de su tierra y de su religión, Ansgar aún tiene que soportar las historias sobre las mujeres guerreras que, gracias a Dios, han sido muy pocas y todas pertenecen ya al pasado, como Hladgerg que, siendo reina de una región sueca, fue capturada junto a otras mujeres por unos noruegos. Su hermano organizó un ejército tanto para rescatarlas como para vengarse, pero fue esta una tarea inútil; las señoras, con Hladgerg a la cabeza, ya se habían liberado ellas solitas. Y la venganza fue especialmente cruel y sangrienta.

También destacó Thornbjorg, también sueca que, tras casarse con el rey Hrolf de Gotland, abandonó su previa afición por las armas. Pero volvió a ellas cuando se enteró de que su marido había sido hecho prisionero en Irlanda y encabezó a un grupo de hombres para rescatarlo. Tras hacerlo, con muchos muertos de por medio, seguramente Hrolf no volvió a recriminarle las aficiones guerreras que la hicieron famosa (en el pasado, muchos pretendientes murieron o fueron heridos enfrentándose a ella, pues juró que sólo se casaría con el que la venciese).

Siglos más tarde, el historiador Saxo Grammaticus escribiría, obviamente de oídas, en su *Gesta Dannorum: "Hubo entre los daneses mujeres que, transformando su belleza en aires varoniles, consagraban casi toda su vida a las prácticas guerreras. (...) Olvidándose de su condición natural, anteponían la dureza a las caricias, buscaban los combates en vez de los besos, dedicaban sus manos a las lanzas, no a las lanzaderas. (...) Asaltaban a los hombres a punta de espada y con pensamientos de muerte, no de coqueteo".*

Pero Ansgar, aunque absorbe todo lo que ve y escucha para poder comprender mejor a ese pueblo que tanto cree que necesita de su labor misionera, también tiene historias que contar; y escoge las que mejor encajan con las que se narran en las sagas vikingas. Tal vez, como ocurrió con los misioneros que convirtieron a los irlandeses, elija la historia bíblica del rey David: alguien que muestra desde joven su fuerza y tenacidad, capaz de matar él solo a un gigante (en la mitología vikinga también hay gigantes) y que llega a ser rey al contar con el apoyo de los suyos y la bendición de su dios. Y que, al mismo tiempo, es poeta, una de las mejores cualidades con que puede contar un vikingo.

Thorsteinn escucha con atención a Ansgar. Le parece que sus historias, ocurridas hace mucho en un oriente que tal vez identifique con Miklagard, son tan buenas como las sagas de su pueblo, pero también quiere que le cuente cosas del mundo actual del que el misionero procede. Éste le da las últimas noticias: murió Carlomagno, emperador de un imperio que sus sucesores no han conseguido mantener unido.

Eso le gusta a Thorsteinn. El vikingo que lleva dentro toma nota: las desavenencias de los nuevos reyes supondrán, tarde o temprano, guerras entre ellos mismos y, lo más importante, costas y ciudades desprotegidas.

Hace años, Carlomagno prohibió que vendiesen armas a los daneses, sobre todo las prestigiosas espadas fabricadas en Germania, pero los buenos comerciantes, como el propio Thorsteinn, saben cómo encontrar mercaderes de las tierras del sur para los que un buen negocio está por encima de las imposiciones de una autoridad que poco va a hacer por ellos. Al fin y al cabo, no va a ser fácil encontrar en otros lugares las mercancías de los daneses, sobre todo las pieles y el ámbar, que son los productos más valorados en los mercados del sur; a no ser que se recorra un largo y peligroso camino por tierra y por mar.

El hecho de comerciar con paganos puede que preocupe a algunos. Aunque, de todos modos, algunas de las mercancías tendrán un fin cristiano, como la cera con la que se harán cirios, los colmillos de morsa, en los que se tallarán imágenes religiosas, o el pescado seco, tan socorrido durante la Cuaresma. A pesar de eso, en el futuro llegarán a exigir la *prima signatio* a los mercaderes vikingos, o sea, una especie de intención de cristianizarse, y la sustitución de sus amuletos habituales por cruces.

Pero el desmembramiento del gran Imperio Carolingio no es nada comparado con la descripción que Ansgar hace de Roma, sede del Papa, de los grandes palacios y los nobles que en ellos viven, de las iglesias repletas hasta lo impensable de ofrendas de oro y plata atesoradas durante siglos. Así es la grandeza del mundo cristiano, dice Ansgar, extendiendo sus brazos, embargado por la emoción que le produce el enorme interés que este pagano parece mostrar.

Pero Thorsteinn está realmente pensando en lo útil que puede resultar esa información a la persona que pronto va a tener como invitado en la granja. Él sabe por experiencia propia lo que una ciudad puede pagar por un obispo o un noble secuestrado; así que ¿cuánto serían capaces de pagar por el representante de su dios en la Tierra? Se estremece de pensarlo, lo que es tomado por Ansgar como prueba del poder de la palabra de Dios entre los últimos paganos de Europa.

La visita que Thorsteinn espera es Bjorn, al que llaman *Costillas de Hierro,* uno de los hijos de aquel Ragnar que conocimos de joven. Acompañado de once hombres, está visitando a los aliados de su padre por tierras de Dinamarca, Suecia y Finlandia, además de otros lugares que hoy en día sería difícil situar en un mapa.

Resulta curioso cómo en muchas sagas se citan grupos de doce hombres que deben realizar alguna tarea. También esta

Cada región disponía de una Asamblea o *Thing*, a la que acudían los hombres y mujeres libres para asistir a juicios o discutir acerca de las leyes. Eran consideradas como territorio sagrado, por lo que no podían portar armas (Vikinglandet, Oslo, Noruega).

cantidad se repite para otro tipo de eventos, como los doce jueces que se reunían en la *Thing* o Asamblea, los doce testigos jurados que se presentaban en un juicio o los doce hombres seleccionados de entre un grupo numeroso que son invitados a una fiesta. Muchas veces, estos grupos están relacionados con la guerra, como cuando el rey Harald iba a la batalla de Hafrsjord, tras la cual logró adueñarse de toda Noruega, con doce *berserkers* en la amura de su barco, o cuando el rey Hrolf Kraki de Dinamarca ayudó a Adils de Suecia en su guerra contra Ali de Noruega mandándole a sus doce *berserkers,* que recibieron la considerable paga de tres libras de oro cada uno. En la *Saga de Egil Skallagrimsson* se cita veinticuatro veces este tipo de grupos. (En *El Guerrero número 13 —13 Guerreros en Latinoamérica—*, la adivina determina que para esa ocasión debe ir uno más, y que ha de ser extranjero).

Thorsteinn le cuenta a Bjorn todo cuanto de interesante ha aprendido de Ansgar. Incluso le muestra un rudimentario mapa, dibujado sobre una piel de ternera que el misionero germano le regaló, con el perfil de la costa europea. Bjorn reconoce esa imagen recordando lo que le dijese su padrino Hastein, que participó recientemente en una expedición a la tierra que llaman Jakobsland, o sea Tierra de Santiago, por debajo de la tierra de los francos. Bien es cierto que no terminó demasiado bien, pero Bjorn y Hastein ya están planeando otra, mejor dotada de barcos y hombres. Y la información sobre Roma le parece de vital importancia, aunque hace preciso replantearse las cosas, ya que sería necesario pasar fuera más tiempo del normal. Todo un reto para su audacia.

Miremos un poco al futuro: posiblemente fuera la primera vez que una expedición vikinga partiera sin intención de regresar al final del verano, ya que duró tres años. Tras asaltar las costas gallegas, portuguesas y andaluzas, los barcos vikingos cruzaron el estrecho de Gibraltar, adentrándose por vez primera en el Mediterráneo donde, hasta entonces, se puede decir que tenían la exclusiva los piratas berberiscos.

Bien es cierto que no llegaron a Roma, sino a la ciudad de Luna (también en Italia), donde Hastein ideó una especie de

Sigurd, uno de los protagonistas de la *Saga de Volsung*, matando al dragón (en esta ocasión con forma de serpiente), era el héroe antiguo más apreciado por los vikingos. Se haría muy popular siglos más tarde como Sigfrido, en *El Anillo de los Nibelungos* (Puerta del Ayuntamiento de Oslo, Noruega).

versión vikinga del caballo de Troya al simular su propia muerte con los deseos de ser enterrado en terreno cristiano, con lo que las autoridades de la ciudad abrieron inocentemente las puertas a quienes transportaban un enorme y pesado féretro, que resultó estar cargado con las armas que les habían exigido que no llevasen encima. Es fácil imaginar qué pasó después.

Pero dejemos esa y otras expediciones que aún están por llegar, porque Bjorn también tiene un mensaje interesante para su amigo: una familia, con la que desde tiempos de su abuelo mantienen una rivalidad que ha ocasionado demasiados muertos a lo largo de los años, quiere acabar con esa situación, y han pensado que la mejor manera de hacerlo es casar a uno de sus hijos con la hija de Thorsteinn.

Este, a pesar de no conocer al joven en cuestión ni de informar siquiera a su hija, acepta la oferta. La otra familia tiene un nivel de riqueza y de legado histórico similar a la suya, y la muerte del abuelo en un combate contra ellos ya quedó contrarrestada por otras muchas muertes. Es tiempo de recuperar la paz que una vez hubo entre ambas familias. Así que fija el encuentro, en el que se establecerán las dotes que han de poner ambos padres, en la próxima Asamblea.

La Asamblea o *Thing* es una reunión regional que se celebra especialmente para hacer cumplir las leyes cuando los litigantes no logran un acuerdo por ellos mismos, y a ella acuden todos los hombres y mujeres libres de la comarca. También es la ocasión de que todos conozcan las leyes, perfiladas a lo largo de muchas generaciones y que contemplan prácticamente todos los problemas que unos granjeros amantes de su libertad e independencia pueden tener entre ellos. Un orador se encarga de recitarlas al modo de los *skalds,* escaldos o poetas. Justamente su forma poética y su aliteración hacen que sean más fáciles de recordar.

Pero es obvio que la Asamblea también sirve como lugar de encuentro, intercambio de noticias, concertación de matrimonios y, en general, un esparcimiento que rompe la monotonía de los quehaceres de las granjas.

Y por la noche, en torno a la hoguera, se narrarán sagas antiguas y nuevas con héroes de antaño; ese especial universo en el que ya ha entrado aquel Ragnar que conocimos. Parte de su vida resulta especialmente interesante por la similitud que guarda con el héroe por excelencia del pasado vikingo: Sigurd, el matador del dragón.

Escuchemos al narrador:

"Un día, nuestro rey Ragnar se enteró de que, en Gotland, un acaudalado jarl *llamado Heraud, tenía una hija llamada Thora a la que, quienes habían tenido la suerte de ver, consideraban como la joven más bella de aquel tiempo. Pero, para evitar los habituales secuestros de jóvenes casaderas, su padre había construido una pequeña fortaleza; y, como no quería que su hija se aburriese, le mandaba cada día algún entretenimiento. Pero, de todos ellos, el que más satisfizo a la joven Thora fue una pequeña serpiente. Siguiendo las viejas costumbres, la metió en un cofre, sobre una cama de joyas y monedas de oro. Y en aquella ocasión, las tradiciones funcionaron, ya que según crecía la serpiente, la cantidad de joyas y oro también aumentaba.*

Todos estaban muy contentos con aquel prodigio, pero estas alegrías siempre tienen su lado sombrío. No pasó mucho tiempo para que la serpiente, que se había vuelto enorme, no tuviese suficiente espacio, por lo que se enroscó en torno a la casa de Thora, con la cola sujeta entre su boca. Tan grande era que todos los días debían llevarle dos bueyes para que se alimentase, y nadie más que Thora se atrevía a acercarse. Por otro lado, la joven tampoco podía salir de allí, ya que la serpiente se lo impedía.

El jarl *Heraud, entristecido por aquella desagradable situación, prometió la mano de su hija a quien consiguiese matar a la serpiente, añadiendo el abundante oro como dote. Muchos se animaron; casi tantos como después se desanimaron al ver cómo habían terminado los primeros.*

Ragnar mandó poner rumbo hacia la isla, ya que allí podía oler el proyecto de una aventura que prometía ser digna de recuerdo por mucho tiempo. Cuando llegaron, rememorando una antigua saga escuchada a los escaldos que llegaban hasta la fortaleza de su padre, lo primero que hizo Ragnar fue acercarse a una cabaña de pescadores y conseguir que le hiciesen unos gruesos calzones con varias capas de tela deshilachada, que debían ser cubiertos con brea, así como una capa hecha de copos de algodón entretejidos. Se mostró tan generoso como era su costumbre, y toda la familia se puso manos a la obra durante toda la noche.

Al amanecer, se vistió con tan grotesco atuendo. Sus hombres le miraron extrañados, pero ninguno se inmiscuyó, pues tenían buenos motivos para confiar en su buen juicio. Aún así, tuvieron más razones para extrañarse cuando le vieron tomar su lanza, a la que quitó el clavo que sujetaba la punta, y aún más cuando le vieron revolcarse en la arena de la playa. No era, en principio, algo muy apropiado para ponerse a luchar contra un monstruo terrible.

Llegó a la pequeña fortaleza donde estaba encerrada Thora. Traspasó la entrada, y allí vio a la gran serpiente, con la boca y la cola unidas ante la puerta de la casa. Dio, sigilosamente, una vuelta en torno a ella. En la parte de atrás, justo en el centro del reptil, un bulto indicaba que aún tenía su última comida a medio digerir. Eso era bueno, ya que estaba sumida en un profundo sueño y la sorpresa estaría asegurada. Pero, de todas formas, no lo iba a tener fácil.

A pesar de su sigilo, la serpiente despertó y empezó a desenroscarse al mismo tiempo que se preparaba para la lucha con el extraño. Primero, escupió su veneno. Éste cruzó velozmente la distancia que los separaba, pero Ragnar se cubrió con la capa, cuyo algodón quedó empapado. Aún con el cuerpo cubierto, se acercó con la lanza preparada. La serpiente reaccionó justo como Ragnar esperaba. Lanzó su cabeza contra las piernas de su enemigo, que era lo único que había al descubierto, pero los colmillos se clavaron en los gruesos calzones sin que llegasen a tocar la carne.

Ese era el momento en que la serpiente estaría más cerca y sería más vulnerable, así que Ragnar le clavó la lanza tras la cabeza con todas sus fuerzas y la retiró inmediatamente, dejando la hoja en el interior.

Poca arma era para un ser tan grande, pero la serpiente notó la herida, y siguió notándola cada vez que hacía un movimiento y la hoja de la lanza cortaba un poco de carne en su interior. Sin comprender qué le pasaba, levantó la cabeza para un definitivo ataque, pero justo ese fue el último movimiento que pudo hacer antes de que la hoja le partiese definitivamente la espina dorsal y se deplomara en el suelo.

Ragnar se quitó su capa, empapada de veneno, justo cuando Thora abría la puerta de la cabaña, y pensó que aún debía de estar soñando cuando vio aquel cuerpo victorioso con la cabeza de la serpiente inmóvil a sus pies.

Desde entonces, al nombre de Ragnar se añadió el apodo de **Lodbrok** *(calzones peludos)".*

SIGLO X

OTRO SALTO EN EL TIEMPO: segunda mitad del siglo X. La granja que conocimos ha cambiado considerablemente. Ahora ocupa otro lugar, es más pequeña y está alineada con otras seis, formando un poblado.

El jefe es otro Thorsteinn, aunque a este no le pusieron el nombre en homenaje a aquel que inaugurase esta granja hace más o menos doscientos años, del que sólo ha quedado su recuerdo en la genealogía de la familia. En los límites de la granja está su viejo túmulo, pero ya nadie está seguro de cuál de los distintos Thorsteinn que ha habido en la familia fue enterrado allí. Hay, incluso, quien duda de la existencia real del primero, suerte compartida por otros grandes personajes de los tiempos pasados, como Beowulf, Hrothgar o Hrolf Kraki, pese a que aún se narran sus sagas.

El nuevo Thorsteinn tiene una esposa y una concubina. La diferencia entre ellas es que esta última pertenece a una familia pobre, por lo que Thorsteinn no tuvo que pagar la alta dote que su padre tuvo que poner para casarlo con la esposa principal. Por otro lado, el hijo de la concubina no tendrá derecho a heredar nada, aunque para todos los demás efectos es hijo de Thorsteinn, con todo lo que eso supone.

Ahora, la tierra se viste con los mejores colores y parece irradiar una peculiar energía que hace que todos estén especialmente contentos. Tal vez por eso vemos que van descalzos, como si así pudiesen cargarse mejor con esa energía vital. Patos y cisnes alegran la vista en el mar, el río o las charcas. Las mujeres llevan flores en el pelo. La curandera aprovecha estos días para recoger la mayor parte de las plantas que usará como medicina el resto del año. Y, cuando el sol se pone, apenas hay unas horas de oscuridad, ya que pronto vuelve a salir tras el horizonte.

En verano, el buen tiempo permitía realizar los quehaceres cotidianos al aire libre. Los hombres salían en viajes de saqueo o de comercio, mientras que las mujeres se encargaban del mantenimiento de la granja. (Vikinglandet, Oslo, Noruega).

Guerreros y mercaderes

HA PASADO EL *VETRARBLOT,* la celebración del solsticio de verano, dedicada especialmente al dios Balder. Es similar a otras fiestas, salvo que, por el buen tiempo, se realiza en el exterior, donde se danza en grandes círculos hasta altas horas de la madrugada, bajo el sol de medianoche. También ha pasado la Asamblea de esa región, donde Thorsteinn contrató las tripulaciones que llevarán sus dos hijos en sus próximas salidas.

Aunque de joven participó en alguna escaramuza que no le dejó demasiados buenos recuerdos, él es básicamente un mercader. La verdad es que le gusta la buena vida y tiene demasiados años y kilos encima como para que le apetezca más quedarse en la granja y dejar que sus hijos surquen los mares para hacer los viajes que mantienen la prosperidad de la familia.

Ahora podemos verlo en el embarcadero, donde se despide de ellos. El hijo mayor va en un *knar*, o barco mercante, a negociar a Helgo, en la tierra de los *svear*. Y desde allí se acercará a la ciudad de Sigtuna, cuya fundación se atribuye al mismísimo Odín, y al templo de Uppsala, dedicado a Frey, ya que este año se hará uno de esos grandes sacrificios de los que habla todo el mundo: caballos, perros y hombres, que colgarán de los árboles durante nueve días; algo digno de ver.

El segundo hijo irá en un *langskip* o barco de guerra. Como no tiene derecho a heredar nada y no quiere pasarse la vida a la sombra de su padre, ahora, y de su hermano mayor cuando llegue el momento, prefiere probar fortuna en Inglaterra, donde el rey Ethelstan siempre recibe bien a los buenos guerreros vikingos, con los que ha formado un ejército que le defiende de la continua amenaza que suponen los traicioneros nobles ingleses o las rapiñas veraniegas de los díscolos escoceses. Y tiene fama de ser muy generoso con los que le sirven bien.

A ambos, su padre les recordó unos versos del *Havamal*: "*La mejor carga que puede acarrear un hombre es su sentido común; la peor, el exceso de bebida*". Aunque también hubo consejos distintos para cada uno. Al primero le recordó las leyes del mercader: "*Averigua qué es lo que los mercados necesitan. No hagas promesas que no puedas mantener. Asegúrate de que todos hacen su trabajo. Acepta regalos de un valor que puedas devolver*". Al segundo, de las leyes

Conocemos muy bien el armamento de los vikingos porque eran enterrados con él, tal como se ha encontrado en numerosos restos arqueológicos. Y, en ningún caso, se han encontrado cascos con cuernos, a pesar de que esa haya sido la imagen más popular. (York, Reino Unido).

del guerrero: *"Mantente alerta y con las armas en buen uso. Aprovecha todas las oportunidades. Sé directo, bravo, agresivo, ágil y versátil. Elige buenos compañeros de batalla. Valora adecuadamente a todos los miembros del grupo, mantén su acuerdo en los asuntos fundamentales y organiza actividades que mantengan la unidad. Usa diversos métodos de ataque y no lo planifiques todo excesivamente".*

El primero usará, más que nada, su pequeña balanza de bronce, donde pesará las monedas o las joyas que servirán como intercambio por los distintos productos, pero no por eso descuidará sus armas, ya que a lo largo del viaje pueden surgir contratiempos tales como ataques de piratas en alta mar, reyertas en un mercado, naufragios en territorio hostil. Aunque el mejor armado, obviamente, será el otro: espada, escudo redondo, hacha, casco cónico con protector para la nariz. También lleva algo que sólo los muy ricos pueden permitirse: una cota de malla, uno de los objetos más caros de la época. Su padre ha hecho un gran esfuerzo para comprársela, pues es posible que ya no vuelvan a verse.

Aunque la mayoría de los que van a bordo están bautizados y llevan una cruz sobre el pecho, Thorsteinn ha oficiado él mismo el sacrificio de dos corderos a Thor para propiciar su protección y, siguiendo viejas costumbres, ha entregado un trozo de oro a cada tripulante por si llegaran a encontrarse cara a cara con Ran, perversa diosa del mar, empeñada en hacer naufragar los barcos y recoger a los hombres con su red. Sólo la pieza de oro reducirá el malestar por aquellos seres terrestres que osan profanar su territorio acuático.

Barcos y navegación

COMO LOS BARCOS SERÍAN EL ICONO VIKINGO por excelencia, sepamos un poco más sobre ellos:

El *langskip* o «barco largo», se usaba en las incursiones guerreras, ya que era la nave más rápida y manejable. Tenía un mástil abatible y una vela rectangular, pero cuando no había viento o la situación lo requería, sobre todo al maniobrar en aguas costeras y al adentrarse por los ríos, era impulsado a remo por los propios guerreros.

Dependiendo del tamaño, la nave podía necesitar entre 20 y 50 remeros. Como no había demasiado espacio para equipajes o mercancías, cada vikingo debía llevar su propio arcón, donde guardaban sus pertenencias y, sobre todo, el botín fruto de los saqueos; también servía como asiento sobre el cual remar. En el centro de la cubierta se amontonaban sacos de cuero con las armas, los toneles de víveres y los odres de agua. Allí pasaba la tripulación todo el día a la intemperie; por la noche, si no podían acercarse a tierra, desplegaban una lona y hacían una especie de tienda común donde resguardarse; en esas ocasiones en que no podían cazar o robar comida, se alimentaban de sus reservas de carne y pescado secos.

El mascarón de proa solía ser una cabeza de dragón, que presumiblemente asustaría a los *landvaettir* o espíritus protectores de la tierra a la que se dirigían. Por eso este navío era llamado *dreki* (plural, *drekar),* de donde derivaría la palabra *drakkar* (dragón). También los había con cabeza de serpiente, que serían llamados *snekkjar,* aunque no es muy seguro que todos los vikingos los llamasen así; y, desde luego, los historiadores no se ponen de acuerdo en esto.

El otro barco típicamente vikingo era el *knar,* usado para el comercio o la colonización. Era más lento pero, al ser mayor, disponía de espacio en el centro para almacenar mercancías y animales. No era tan maniobrable, pero podía transportar

Los *langskip* o barcos largos, eran utilizados en la guerra y la piratería. Tenían un mástil abatible y una vela rectangular, pero cuando no había viento o la situación lo requería, eran impulsados a remo por los propios guerreros. (Puerto de Oslo, Noruega).

grandes pesos. Los mercaderes lo llevaba, cargado de arcones, toneles, hatos de pieles y los demás bultos que constituían sus transacciones mercantiles. Su ligereza quedó demostrada en los viajes hacia Bizancio, en que debían ser transportados por tierra cuando la ocasión lo requería. Y también era el navío que usaron los colonos cuando trasladaron sus propiedades a la nueva tierra. También había otras embarcaciones más pequeñas y ligeras usadas para pescar o cruzar los fiordos, como los *schniggen, karv, feraringur* o *skeids*.

Todos los elementos de estos navíos fueron el resultado de siglos de observación, lo que permitió ir mejorándolos poco a poco hasta convertirlos en la gran obra de ingeniería vikinga. Los buenos timoneles, con muchos viajes de experiencia, se aprendían de memoria los perfiles de las costas cuando hacían navegación de cabotaje, pero en alta mar tuvieron que echar mano de su capacidad de observación y de aprovechamiento de lo aprendido, lo que les llevó a saber interpretar cosas tan sutiles como las diferentes tonalidades de las aguas, los ligeros cambios de temperatura, el vuelo de las aves marinas o la dirección y humedad de los vientos para saber dónde estaban y qué rumbo seguir. El puesto de timonel casi siempre era hereditario, y un padre, además de instruir a su hijo, le legaba, seguramente en forma de poesía con funciones nemotécnicas, el perfil de las costas que él y sus predecesores habían surcado. Posiblemente habría una camaradería especial entre estos pilotos, que les llevaría a intercambiarse ese tipo de información, fruto de tantos viajes y de una íntima relación con ese amigo/enemigo que era el mar.

Las viejas sagas cuentan historias acerca de la utilización de cuervos llevados en jaulas: si al soltarlos, regresaban pronto, era señal de que no había tierra en las cercanías; si no regresaban, se seguía la dirección de su vuelo con la seguridad de encontrar tierra. También en alguna saga se habla de la *solarsteinn* o piedra solar; este objeto se supone que era un cuarzo con la propiedad de polarizar la luz, marcando con un leve cambio de color la posición del sol, por lo que era muy útil en los días nublados. También tenían el «tablero de sombras» consistente en una serie de círculos dibujados sobre una tabla. El espacio que marcaba la sombra de un palito indicaba, bastante a bulto, la latitud en la que se encontraba el barco.

Antes de regresar a la granja, Thorsteinn se dirige hacia la piedra rúnica que hace unos años mandó erigir en honor de su primer hijo, que murió en un duelo en Noruega.

Debido a que las piedras permanecen cuando pieles o maderas ya han dejado de existir, uno de los legados vikingos más abundantes que han llegado a nuestros días son precisamente sus piedras rúnicas. Hasta la fecha hay inventariadas unas cinco mil, la mayor parte de ellas en Suecia, aunque muchas son sólo fragmentos. Podían tener sólo textos, imágenes o mezcla de ambos. La mayoría de ellas conmemoraban a algún familiar muerto en tierras lejanas.

Los elementos comunes son: el nombre de quien la manda erigir, el nombre del homenajeado, parentesco o relación entre ambos y circunstancias de la muerte. Una curiosa excepción está en la piedra que un tal Jarlabanke mandó erigirse en un lugar de Suecia, en su propia memoria, *como un puente para mi alma,* dejando constancia de que fue el dueño de todo el distrito de Taby.

Cabe la posibilidad de que el carácter mágico de las piedras rúnicas dedicadas a aquellos que murieron en el extranjero fuese el de atraer al espíritu del difunto, al que considerarían vagando por lugares ajenos a sus dioses, para poder así despedirse de los suyos y continuar su viaje por los canales habituales en el concepto vikingo de ultratumba.

Sigamos en la granja de Thorsteinn. Ahora hay poca gente; además de los que acaban de partir, algunos hombres se han apuntado a una expedición de piratas organizada por otro *jarl,* y otros han ido a los mercados de las pequeñas poblaciones que están surgiendo en el interior del país. Los que quedan se encargarán casi exclusivamente de recoger el heno, recolectar miel y hacer las labores imprescindibles para el mantenimiento de la granja.

Es buena época para que los niños sigan aprendiendo a nadar, montar a caballo o navegar, además de ayudar en las diversas tareas de la granja. Después, los viejos les enseñan trabalenguas, canciones, poesías, sagas. Y algunos aprenden el arte de sus padres, como la talla de madera o el encurtido de pieles. O a fabricarse ellos mismos un instrumento musical, como diferentes tipos de percusiones o de flautas.

Una reina vikinga

Debido a la escasa actividad, Thorsteinn agradece una visita muy especial: nada menos que Thyre, la esposa del rey Gorm. Este monarca, al igual que casi todos los conocidos desde Sigurd Ring, manda sobre algunos territorios de Dinamarca junto a otros reyes o *jarls* con los que mantiene alianzas o claras desavenencias que desembocan en guerras. Pero él está haciendo todo lo posible por unificarlos y tratar de hacer un país fuerte al modo de los que hay en el sur. No es una tarea fácil. Por si fuera poco, también tiene bajo su mando territorios en el sur de Suecia y de Noruega, lo que hace aún más difícil su misión. Por eso debe estar continuamente viajando con su tropa de un lugar a otro. Pero lo hace estando seguro de que deja el gobier-

Piedra originaria de la isla sueca de Gotland, cuyos tallistas tenían un estilo muy peculiar basado en imágenes sin recurrir a la escritura rúnica. Actualmente, sin las connotaciones adecuadas, resultan difíciles de interpretar. (Museo de Historia, Estocolmo, Suecia).

no en buenas manos, las de Thyre. Ésta incluso se puso a la cabeza de sus hombres para defenderse de sus enemigos del sur (germanos). Y, como colofón de su buena capacidad organizativa, ha reforzado y ampliado el Danevirke, un muro defensivo de varios kilómetros iniciado antes de la «era vikinga», siguiendo, seguramente, el modelo del que Adriano levantó en el norte de Inglaterra para impedir, o al menos entorpecer, las incursiones de los pictos. Eso evitó que la península de Jutlandia fuese invadida por las tropas de Carlomagno o sus sucesores, que ya habían acabado con la independencia de los sajones y los frisios.

Thyre lleva ropas llamativas para hacerse notar incluso de lejos. Ya tiene cierta edad y tal vez ya no sea la belleza que en su tiempo fue, pero sus ojos irradian energía y sabe dejar claro en todo momento que, en su caso, una reina no es alguien que está a la sombra del rey.

Como siempre que llegan forasteros, tras las iniciales cortesías, la conversación deriva pronto hacia las últimas noticias que circulan por el mundo nórdico. Esto es lo que cuenta la reina:

"Los vikingos suecos han fundado algunas ciudades fortificadas a lo largo de los ríos de la Ruta del Este, por lo que a esa región la llaman Gardariki, el Reino de las Fortalezas. Al parecer, las tribus eslavas, al observar el sentido del orden y la capacidad para el comercio de los nórdicos, pidieron al rey Rurik que los gobernase. Todo esto se ha desarrollado de tal modo que, a lo largo de los últimos años, dos de las ciudades más importantes, Novgorod y Kiev, han quedado unificadas en un reino, al que llaman Rus, siendo ese el nombre que los eslavos daban a los vikingos". (Aquella Rus no era ni más ni menos que el embrión del futuro imperio ruso, y la dinastía fundada por Rurik llegaría hasta el siglo XVI).

Por otro lado, en Noruega, el rey Harald, al que llaman «el de hermosos cabellos», tras una larga serie de batallas, ha conseguido unificar el país en un solo reino, imponiendo a todos los *jarls* un vasallaje y unas condiciones hasta ahora desconocidas en el mundo nórdico. Quienes se le oponen pasan a formar parte de uno de estos dos grupos: muertos o exiliados. Estos últimos cargan sus barcos con todo cuanto pueden y se dirigen a las islas del Atlántico norte, como las Feroe, las Orcadas o las Shetland; aunque la mayoría opta por continuar hasta Islandia, que está totalmente fuera del control del rey noruego. De hecho, los islandeses consiguen una cosa impensable para la época: una nación sin rey, algo así como la única república medieval europea.

Como la actual granja ya no dispone de un salón para grandes banquetes, Thorsteinn ha dispuesto un granero, vaciándolo y adornándolo con tapices bizantinos, para que la reina y su *hird* o comitiva personal pasen las tres noches de hospitalidad.

A pesar de su carácter, Thyre no rehúye los lujos ni las comodidades, por lo que lleva su propia cama desmontable y un jergón de plumas. También lleva su propio escaldo, nacido en Islandia, tierra por antonomasia de grandes poetas.

Estos artistas viven ejerciendo su arte por las granjas de los reyes y los vikingos ricos para deleitarlos con sus versos o sus historias, por los que reciben alojamiento y algún que otro regalo en forma de anillo o brazalete, sobre todo si saben improvisar algunos halagos a su anfitrión, al que llamarán muy ceremoniosamente «el donador de anillos», rememorando alguna de sus aventuras con versos inflamados.

No todos son grandes escaldos. Los realmente buenos no llegan a alcanzar un puesto de honor en el séquito de los reyes; a veces se producen tremendas rivalidades entre ellos, que resultan en auténticas guerras en las que usan a fondo todos sus recursos lingüísticos, pues sus poesías están repletas de *kenningar* o metáforas, a veces muy enrevesadas, y referencias mitológicas que no todos pueden comprender, sobre todo, según avanza la «era vikinga» y los viejos tiempos van pasando, paulatinamente, al olvido.

Por eso fue tan útil que, algunos siglos más tarde, el islandés Snorri Sturlusson escribiera sus *Edda* en prosa y en verso, donde los escaldos de su tiempo, ya muy alejados del espíritu vikingo, tuvieran los referentes adecuados tanto para comprender los poemas de sus predecesores como para realizar su propio arte escáldico.

Pero escuchemos al acompañante de Thyre contar el mítico origen de ese arte que les legó el mismísimo Odín:

"Hubo un tiempo en que las dos razas de dioses, aser y vanir, estuvieron enemistadas. En un determinado momento, hubo un encuentro para hacer las paces. Como símbolo de su reconciliación, pusieron una cuba en medio y todos escupieron en ella. Más tarde, los dioses, sabiendo que aquella manifestación de la paz entre ambas razas era algo muy poderoso, hicieron con su contenido a un ser, al que llamaron Kvasir y que, con el tiempo, fue considerado tan sabio que no había pregunta que no supiese responder, aunque su principal virtud era el arte poético.

Un día, Kvasir salió a dar una vuelta por los mundos que habitaban los distintos seres. Así llegó a la casa de los enanos Fialar y Galar que, conociendo la historia de su creación, decidieron matarlo. Con su sangre mezclada con miel, llenaron tres recipientes. Y aquel hidromiel resultante era tan poderoso que todo aquel que lo bebía se hacía poeta y sabio, como lo había sido el propio Kvasir.

Los escaldos eran poetas itinerantes que acudían o seguían a los reyes y los grandes señores. Aunque este arte se desarrolló en el continente, acabó siendo una especialidad islandesa tan apreciada en su propio país como en los reinos nórdicos y las Islas Británicas. Algunos llegaron a tener su propia saga, como Gunlaug *Lengua de Víbora*.
(Festival vikingo de Fjorukrain, Hafnarfjordur, Islandia).

Poco después, aquellos enanos mataron al padre de un gigante llamado Suttung, al que después tuvieron que entregar todo el hidromiel a cambio de que él no los matase a ellos.

Pasó el tiempo. Un día que Odín estaba viajando por los mundos bajo el nombre de Bolberk, se encontró con un grupo de enanos que estaban segando un campo. Para entablar conversación y algo más, el dios se ofreció a afilarles las guadañas con su piedra de afilar. Viendo lo bien que cortaban después, los campesinos quisieron comprarle la piedra. Ante la negativa de éste, se pusieron violentos hasta el punto de que Odín tuvo que lanzarla al aire. Todos los enanos se abalanzaron inmediatamente sobre ella, pero se cortaron mutuamente las cabezas con sus bien afiladas guadañas.

Estos campesinos trabajaban para el gigante Baugi, hermano de Suttong. Como, de pronto, se encontró sin nadie que le segase los campos, aceptó la oferta de aquel magnífico Odín, que prometió hacer él mismo el trabajo de todos ellos a cambio de un trago del famoso hidromiel que guardaba celosamente su hermano. Baugi prometió ayudarlo a convencer a Suttong.

Al terminar la siega, ambos fueron a su guarida. Pero Suttong se negó a entregar a aquel extraño una sola gota de su preciado hidromiel, aunque accedió a que permaneciese allí las tres noches de cortesía, tal como era habitual con un visitante.

Odín consiguió hacer un agujero en la pared, por el que pasó transformado en serpiente hasta la habitación de Gunnlod, la hija del gigante. Durmió con ella las tres noches, después de las cuales la joven giganta le dejó probar el hidromiel de su padre. Pero Odín no se conformó con un traguito, sino que se bebió los tres recipientes completos.

Una vez que consiguió su propósito, se transformó en un águila y echó a volar hacia el Asgard. Los dioses le estaban esperando con sendas cubas, en las que vomitó el hidromiel. No todo se recogió en estos recipientes, ya que hubo una pequeña parte que se le escapó al águila/Odín por el orificio trasero. Esa parte se dice que es la que les corresponde a los malos poetas".

SIGLO XI

HAGAMOS AHORA EL ÚLTIMO SALTO EN EL TIEMPO. Según el calendario cristiano, estamos en 1066, año que la mayoría de los historiadores señalan como el fin de la «era vikinga». ¿Qué ocurre de especial en ese año? Básicamente, la derrota del rey noruego Harald Hardrade cuando acude a Inglaterra a reclamar el trono al que se cree con derecho.

Resulta bastante curioso que Inglaterra sea el alfa y el omega de la «era vikinga»: Lindisfarne en 793 y Stamford Bridge en 1066. También que esta isla haya sido el lugar donde más prosperó la cultura vikinga. Allí había una extensa zona llamada Danelag en nórdico o Danelaw en inglés (Ley Danesa), donde se hablaba el idioma nórdico (que dejó unas 600 palabras en el idioma inglés). Este territorio fue delimitado por el tratado que en Wedmore firmaron los reyes Guthorm y Alfredo el Grande. La única condición que puso el rey inglés para la entrega de esa tierra fue que Gutrhum se bautizase y adoptase un nombre cristiano: desde entonces Ethelstan (Piedra Noble).

No por eso los ingleses se libraron de asaltos vikingos en sus costas, aunque en la mayoría de los casos se limitaban a hacer acto de presencia y pedir una cantidad determinada a cambio de no atacar. A ese rescate se le llamaba *danegeld,* el oro danés. El mayor *danegeld* conocido lo cobró el rey Olav Tryggavsson de Noruega: 22.000 libras de plata (unos 10.000 kilos). Y tan provechoso le debió parecer aquel viaje, que al año siguiente regresó a por más.

Puede que en aquellos tiempos los daneses llevasen a Inglaterra la leyenda de un príncipe de su tierra llamado Amleth, que siglos más tarde Shakespeare daría a conocer a todo el mundo con el nombre de Hamlet, aunque cuatrocientos años antes ya escribiera sobre él Saxo Grammaticus en su

Supuesta tumba del príncipe Amleth, cuya historia bien pudo ser llevada a Inglaterra por los daneses que poblaron el Danelag, donde acabó transformado en el Hamlet de la eterna pregunta (Helsingore, Dinamarca).

Gesta Danorum, según la cual el príncipe moría en una batalla librada en Jutlandia.

Es de suponer que en Danelag hubo gente procedente de nuestra granja de Jutlandia. Echémosle un vistazo, aunque ahora tendremos que desplazarnos algo para verla, porque aquí también ha habido muchos cambios, al igual que en todo el país. Pocas granjas de los viejos tiempos permanecen en el mismo sitio. Incendios, nuevos propietarios, agotamiento de los terrenos de cultivo, supersticiones de los cristianos respecto a los lugares que habitaron los paganos...

Las nuevas granjas, muy próximas unas a otras, se levantan en torno a una iglesia de madera rodeada por un cementerio. Siguiendo las nuevas costumbres, muchos vikingos han decidido exhumar los cadáveres de sus antepasados para volverlos a enterrar en el cementerio cristiano, otorgándoles así una especie de conversión *post-mortem* que, seguramente, espantaría a los difuntos si pudieran enterarse.

Detrás de las granjas hay un camino de tablas entre los almacenes y el embarcadero, donde entra y sale una pequeña flota de *knars*. Parte de esto pertenece al nuevo Thorsteinn, al que podemos considerar como un próspero comerciante que nunca se vio involucrado en expediciones de asalto. Su atuendo resultaría ridículo para los vikingos que hemos conocido antes, pero la influencia oriental promovida por el intenso comercio por la Ruta del Este también se refleja en la forma de vestir: camisola de seda y pantalones bombachos. O en sus aficiones, ya que es un consumado jugador de *skak-tafl* o ajedrez y le gusta pintarse los ojos, al modo de los árabes.

No es descendiente directo de los Thorsteinn que conocemos, pero nació en aquella granja y le pusieron ese nombre porque figuraba repetidamente en la genealogía familiar y ya hacía tiempo que ningún niño lo recibía. Después, de mayor, se casó con la heredera y se ocupó de los negocios de la familia; tuvieron un par de hijos, a los que pusieron nombres cristianos: Absalón y Ana, que son educados por un clérigo.

La piedra rúnica de Harald *Dienteazul* continúa en el mismo lugar desde hace más de mil años. En ella rinde homenaje a sus padres, el rey Gorm y la reina Thyre (que tienen su propia piedra al lado de ésta), además de anunciarse él mismo como «ganador de Dinamarca y Noruega y cristianizador de los daneses» (Jelling, Dinamarca).

A su casa siguen llegando amigos, como en las granjas previas, aunque ahora todo es más reducido. Se sigue bebiendo en grandes cantidades, pero ahora los sucesivos brindis van dedicados a Jesucristo, los apóstoles y la Virgen María. Algunas canciones han sufrido modificaciones en la letra hasta que ésta se ha hecho aceptable por el sacerdote, cuya opinión cada vez tiene más peso en la sociedad.

Todo esto no es sino un reflejo de los cambios radicales que han ocurrido en Dinamarca en los últimos tiempos: el rey

Harald, hijo de Gorm y Thyre y conocido como *Dienteazul* (apodo al que debemos el nombre de la tecnología Bluetooth, desarrollada en Dinamarca), consigue una estabilidad que no se conocía desde los tiempos de Godfrid. Como la monarquía no era hereditaria, a aquel rey, a pesar de tener dos hijos, le sucedió su sobrino Hemmig, que murió pronto y fue sucedido, a su vez, por Sigfred y Anulo. Ambos cayeron en una guerra y el poder pasó a manos de dos hermanos de Anulo: Harald Klaka y Reginfred. Los hijos de Godfrid, que estaban exiliados, regresaron; en la subsiguiente guerra murió Reginfred, mientras que Harald Klaka (que fue el primer rey vikingo en ser bautizado) desapareció de la escena, pero para aparecer poco después, recuperar la corona y perderla nuevamente. Reinaría entonces Horik, el único hijo de Godfrid que sobrevivía, pero incluso este tuvo problemas para permanecer en el poder por culpa de su propia familia.

Toda esta confusión transcurrida en muy pocos años hizo que Dinamarca se dividiese en pequeños reinos hasta que Harald *Dienteazul,* continuando la labor de su padre, consiguió unificarlos. En 965 se hizo bautizar en Jelling, al sur del país, y automáticamente todos los daneses pudieron considerarse cristianos. Y para dejar constancia de ello, levantó una gran piedra rúnica de tres lados, que algunos historiadores califican con cierta sorna como la partida de bautismo más grande y pesada de la historia.

Pero el espíritu cristiano que Harald intentó inculcar a su pueblo no evitó que invadiera Noruega para matar al rey Hakon, también cristiano, ni las desavenencias con su hijo

Svend *Barbapartida* (llevaba la barba dividida en dos coletas), que llegó a destituirlo.

De la lejana Islandia llegaron noticias de una nueva tierra que los vikingos habían comenzado a colonizar: Groenlandia. El nombre de Erik *el Rojo* pasa a formar parte de los héroes nórdicos, a pesar de que no se le conoce participación en asaltos vikingos ni en guerras. Eso sí, tiene algún incidente sangriento en su haber: en cierta ocasión, y como colofón de una de esas interminables disputas tan comunes entre los granjeros islandeses, Erik mató a dos hombres que habían asesinado a sus sirvientes. Como estos últimos no tenían valor legal y, por lo tanto, no se consideraban dignos de tomar venganza, fue condenado por asesinato a un exilio de tres años por la Asamblea.

Así que Erik decidió aprovechar ese tiempo para comprobar la existencia de una gran isla al oeste de la que había oído hablar. Se echó a la mar en un barco junto a algunos amigos y llegó a la que, desde entonces, sería llamada Groenlandia, la Tierra Verde. El nombre, ciertamente, no parece el más apropiado, pero era una buena manera de promocionarla. (En aquella época, esa zona era mucho menos fría que ahora. El Período Cálido Medieval, que dicen los científicos). Recorrió gran parte de las costas y finalmente, se decidió por un fiordo donde había un buena tierra en que levantar toda una colonia.

Pasados los tres años de exilio, Erik regresó a Islandia, donde convenció a bastante gente de las grandes oportunidades que ofrecía la nueva isla. Hay que tener en cuenta que, por aquel entonces, las mejores tierras islandesas estaban ocupadas, por lo que los nuevos colonos o aquellos que querían independizarse tenían que conformarse con lo que había.

En 985, los cuatrocientos primeros colonos estaban establecidos en un par de colonias, quedando Erik y los suyos en la oriental, concretamente en una extensa granja llamada Brattahlid y que formó parte de los nombres de la extensa red de lugares a los que los mercaderes vikingos podían acceder. Pocas veces hubo una ruta comercial tan larga.

Los reyes vikingos de Inglaterra

POR OTRO LADO, EN 1002 llegaron malas noticias de Inglaterra: el rey inglés Ethelred, tras tener que pagar un humillante *danegeld,* ordenó una noche la matanza de todos los daneses, incluidos granjeros y mercaderes, mujeres y niños, que hubiese en la isla (tras la muerte del rey Erik *Hachasangrienta,* había dejado de existir el *Danelag*). Por desgracia para él, entre los muertos había una hermana del rey Svend, que utilizó la provocación para organizar una gran flota con mercenarios vikingos que asaltó las costas inglesas, destruyendo todo cuanto encontraba a su paso o cobrando cuantiosos *danegelds.* Eso también le sirvió para calibrar las fuerzas del rey inglés. Como resultado reconquistó, unos años más tarde, el *Danelag* sin demasiados problemas.

Finalmente, se dirigió hacia Londres, donde venció a las tropas de Ethelred; éste huyó a Normandía. Svend fue coronado rey de Inglaterra, pero el reinado le duró poco. Falleció cinco semanas después, sustituyéndole su hijo Knud (Canuto *el Grande*). Este llegó a Inglaterra en 1015, con doscientos barcos. Tras una corta batalla, recaudó el mayor *danegeld* del que se tiene noticia: 40.000 kilos de plata, que usó para pagar espléndidamente a su tropa. Instalado en Londres, se bautizó y ordenó restaurar los monasterios destruidos por los vikingos. Heredando derechos de sucesión, llegó a reinar sobre Inglaterra, Dinamarca, Noruega y el sur de Suecia. Fue considerado un buen rey cristiano (incluso peregrinó a Roma). Heredando derechos de sucesión, llegó a reinar sobre Inglaterra, Dinamarca, Noruega y el sur de Suecia.

Pero dejemos a un lado la historia y veamos cómo se vive en la granja del Thorsteinn actual.

El otoño nos muestra la imagen inversa del relajado y corto verano. Ahora, todo es un hervidero de gente: recogen el ganado, esquilan las ovejas, hacen la matanza, ahúman la carne, guardan el heno, elaboran grandes cantidades de queso, mantequilla y cerveza, secan o salan pescado, apilan leña. Todo cuanto les hará falta durante el duro invierno que ya se aproxima.

La misma actividad se refleja en el embarcadero: descargar, limpiar y guardar los navíos mercantes que regresan de los distintos mercados. La esposa de Thorsteinn esperaba impa-

Durante el verano y el otoño debían preparar y almacenar los alimentos para el largo y duro invierno, utilizando las técnicas naturales de conservación: secar, ahumar, salar, encurtir. En esta imagen vemos pescado puesto a secar, que también será consumido en los viajes. (Vikinglandet, Oslo, Noruega).

ciente el encargo que hizo: agujas, alfileres, adornos de azabache, cuentas de cristal y de ámbar.

Todo esto lo utilizará para el traje de novia de su hija, cuya boda tendrá lugar en la iglesia y será oficiada en latín. Pero esos son los únicos cambios en las bodas, ya que los padres siguen siendo quienes toman la decisión, sin que el amor sea un elemento a considerar, ya que este, al que llamaban *makti mur,* «llegará con el tiempo».

Estos convenios, no muy distintos en el fondo a cualquier otra transacción comercial, estaban regulados por una normativa que, aunque podría variar según qué región, establecía la dote a pagar, que recibía el expeditivo nombre de *brudkaup,* la compra de la novia. Las mujeres estaban representadas durante las negociaciones por su padre, hermano o familiar masculino más cercano. Sólo las viudas tenían derecho a elegir por ellas mismas, aunque en algunos sitios aún tenían que contar con el visto bueno de los familiares masculinos; estos sólo podían negarse con los dos primeros candidatos, pudiendo casarse con el tercero, ya sin necesitar permiso.

A pesar de eso, tras la boda, las mujeres mantenían su apellido, sus propiedades y herencia, que no podían ser confiscadas ni en el caso de que su marido fuera mandado al exilio por la Asamblea. En caso de divorcio, se llevaba consigo lo que su familia hubiese aportado como dote.

En alguna saga se cita cómo los padres de cierta región informan primero a su hija de la posible boda, ya que habían ocurrido algunas muertes y mutilaciones en cinco matrimonios en los que las mujeres fueron casadas contra su voluntad.

Por supuesto que había jóvenes que pretendían conquistar el corazón de una mujer pero, según cuentan las sagas, ese era un pasatiempo más que peligroso, acabando muchas veces la aventura con la muerte del joven enamorado. También existía la posibilidad del rapto, que podía dar lugar a enfrentamientos entre las dos familias, pero que solía compensarse con el pago de una determinada cantidad por parte del padre del joven.

Los últimos vikingos

COMO SIEMPRE, LOS QUE REGRESAN A LA GRANJA, además de traer los beneficios del viaje en forma de mercancías, joyas o monedas de plata por las que han intercambiado sus productos, también son portadores de algo muy valioso: noticias de cualquier sitio. En los últimos tiempos, éstas han sido las que han despertado más interés:

En Islandia se han convertido al cristianismo pero, al revés que en Dinamarca o Noruega, no lo han hecho porque lo mandaba el rey, que allí no tienen, sino por decisión de la Asamblea. Se deja a quienes así lo quieran que continúen con sus viejas creencias, aunque las ceremonias han de hacerse en privado.

En Stiklestad muere en combate el rey noruego Olav, que pasará a la historia como santo y dará nombre a multitud de iglesias por todo el norte de Europa. Habría que saber qué pensaban de eso los numerosos cristianos laicos y religiosos a los que mató como vikingo en sus años jóvenes. Realizó su primera expedición a la edad de doce años, y en su largo historial figuran asaltos a varios lugares de Inglaterra y a las costas de la península Ibérica antes de ser coronado rey. Después, se convirtió al cristianismo y volcó su vida al empeño de conseguir que todos los noruegos abandonasen su religión tradicional, para lo que no reparó en muertes, como si su espíritu vikingo sólo hubiese cambiado de polaridad.

En Irlanda, los vikingos encontraron a sus más duros enemigos, hasta el punto de que fueron los irlandeses los únicos que consiguieron expulsar a los nórdicos de sus tierras. Eso ocurrió en 1014. Los reyes de ambos bandos, el irlandés Brian y el vikingo Sigtrygg murieron en la batalla.

Leif *el Afortunado*, un hijo de Erik *el Rojo*, al que todos conocen por haber sido el descubridor de Groenlandia, encontró una nueva tierra más hacia el oeste, a la que puso el nombre de Vinland.

Tal vez esta noticia no se reciba en Dinamarca con demasiado interés, ya que Groenlandia ha sido poblada básicamente por los noruegos, pero teniendo en cuenta la gran trascendencia que este hecho tendrá en el futuro, hagamos que nos la cuente un narrador de sagas:

"El protagonista de esta saga es Leif, el hijo de Erik el Rojo, que vivía en Groenlandia. Cuando tuvo edad suficiente, hizo su primer viaje mandando un barco con mercancías hacia Noruega. La llegada se retrasó bastante al ocurrir algunos problemas en las islas Hébridas, por lo que tuvo que quedarse todo el invierno en Noruega, que en aquel tiempo estaba gobernada por Olaf Tryggvason, uno de los llamados «reyes misioneros». Al ser Leif hijo de tan prominente padre, el propio rey le acogió en Nidaros (actual Trondheim).

Cuando Leif se dispuso a volver a su país se bautizó junto con sus hombres, y el rey Olaf le hizo el encargo de convencer a su padre para que se convirtiese, lo cual facilitaría enormemente la labor de los misioneros que llegasen después a Groenlandia. Pero Erik nunca aceptó para sí mismo otra religión que no fuese la de sus antepasados, aunque le construyó a su esposa Thjódhild una pequeña iglesia en las inmediaciones de la granja. Eso sí, su tolerancia no tuvo correspondencia por parte

Estatua de Leif Eriksson, donada por los Estados Unidos con motivo del milenio del *Althing* (parlamento islandés) y por haber sido el primer europeo en llegar al continente americano.
(Reykjavik, Islandia)

de ella, que desde su conversión se negó a compartir la cama con un pagano. Posiblemente, fruto de aquel desacuerdo fue el nacimiento de Freydis, hija natural que años más tarde tendría cierto protagonismo.

En Groenlandia ya se sabía de la existencia de otra tierra más hacia el oeste desde que el islandés Björn Herjulfsson fue arrastrado por una tormenta mientras se dirigía a Groenlandia.

Conocidos estos prolegómenos, viajemos con Leif Eriksson hacia Vinland, junto a los 35 hombres que le acompañaron. Siguiendo la información proporcionada por su amigo Björn, llegó a un par de islas a las que nombró: Helluland (Tierra Pedregosa) y Markland (Tierra de Bosques). Finalmente, encontraron una tierra fértil con buen clima, donde los inviernos no suponían la interrupción de la vida cotidiana, y con abundante pesca y caza. Era un lugar perfecto para iniciar una colonia. Otro elemento valioso lo constituían los numerosos y variados árboles, inexistentes en Groenlandia, donde no había bosques. Así que, a la hora de volver, todo el espacio disponible del barco se cargó con madera y con algo tan insólito como uvas (algunos investigadores piensan que más bien debía ser algún tipo de baya silvestre, con la que, igualmente, podría hacerse vino) que originaron el nombre de aquel lugar: Vinland, Tierra de Vides.

Al poco de regresar a Groenlandia, murió Erik el Rojo. Así que, aunque por su hazaña recibió el apodo de Heppni (el Afortunado), Leif tuvo que hacerse cargo de la granja familiar y ya no pudo volver a Vinland.

Sería su hermano Thorvald quien organizase la siguiente expedición, durante la cual construyeron nuevas casas y extendieron el territorio explorado. Tras permanecer allí dos años, al regresar a Groenlandia hicieron una parada en cierto lugar, donde tuvieron el primer contacto (desafortunado) con los nativos, a los que llamaron skraeling. Thorvald murió en aquel incidente.

El tercer viaje estuvo a cargo de otro hijo de Erik el Rojo, Thorstein, pero el barco fue alejado de su ruta por una tormenta y finalmente todos los tripulantes, excepto Gudrid, la esposa del organizador, murieron a causa de una epidemia.

El cuarto viaje lo realizaron sesenta y cinco personas, al mando de Thorfinn Karlsefni, casado con la mencionada Gudrid, en dos barcos bien equipados. Tras una temporada inicial que les debió de parecer la vida en el paraíso, volvieron a hacer acto de presencia los skraeling, que pretendieron cambiarles pieles por sus espadas de hierro, metal que los indios desconocían. *La negativa de los nórdicos ocasionó algunos problemas violentos, hasta que la colonia nórdica decidió regresar a Groenlandia, después de tres años en la nueva tierra. En este viaje vio la luz Snorri, al que podemos considerar como el primer europeo nacido en América, hijo de Thorfinn Karlsefni y Gudrid, una extraordinaria mujer que, tiempo más tarde, al quedarse otra vez viuda, iría en peregrinación a Roma.*

El quinto y último viaje documentado en la Saga de los Groenlandeses estuvo protagonizado por Freydis, única hija de Erik. Esta expedición se hizo con dos barcos. Pasaron un año bastante conflictivo en Vinland, ya que Freydis se encargó de que las tripulaciones de ambos barcos (groenlandeses e islandeses) mantuviesen malas relaciones y anduviesen siempre con disputas por cualquier motivo. Finalmente, convenció a su marido y a los suyos para que matasen a los islandeses, y se encargó ella misma de matar a las mujeres que les acompañaban, quedándose así con toda la mercancía.

A pesar de los grandes beneficios que dejaban los cargamentos de madera, ya no hubo más viajes a Vinland. Al menos, no lo reflejó ninguna saga. Después, llegó incluso el olvido por aquella tierra. Posiblemente fue el crimen de Freydis lo que volvió a aquella tierra tan maldita que ya nadie más quiso acercarse a ella.

Como ya hemos dicho antes, tal vez esta no sea "la gran noticia" en la granja de Thorsteinn. Seguramente el comentario más común sea que cada vez hay menos asaltos vikingos, tan abundantes en los viejos tiempos. Hay jóvenes a los que les gustaría salir en una expedición, pero eso ya no es nada fácil, tanto porque los mayores no les facilitan los medios como porque, desde hace tiempo, en todas las costas se han levantado defensas y hay ejércitos bien preparados y pertrechados que esperan la llegada veraniega de los vikingos. Algunos nobles de esos países llegan, incluso, a contratar a bandas de vikingos forajidos, perseguidos en sus propias tierras y que no tienen adónde ir, para que les defiendan de invasiones vikingas a cambio de un buen sueldo y, en ocasiones, la cesión de una tierra donde instalarse. Algo parecido ocurrió, hace ya muchos años en Francia, cuando el rey Carlos *el Simple*, harto de saqueos y destrucción, entregó la provincia de Neustria, que desde entonces se llama Normandía, a Hrolf y sus hombres.

No les debió parecer mal negocio a ninguna de las dos partes. Por un lado, los franceses (o francos, como se les llamaba entonces) se libraron de una serie interminable de asaltos multitudinarios en los que los vikingos se introdujeron por los distintos ríos, arrasando todo cuanto encontraban a su paso; incluso habían llegado a asediar París en dos ocasiones; una de ellas durante un año.

Por otro lado, aquellos vikingos, que empezaron a ser llamados normandos, se casaron con mujeres de la tierra, como había ocurrido en todos los lugares en donde se asentaron, se bautizaron adoptando nombres cristianos —Hrolf, originario de una familia noruega de las islas Orcadas, pasó a llamarse Rollon— y se integraron rápidamente en la forma de vida de la sociedad feudal. En tan sólo una generación se perdió el idioma nórdico. Tiempo después, sus descendientes conquistarían Inglaterra, el sur de Italia y Sicilia, pero de ningún modo se les puede considerar vikingos. El más famoso de todos sería Guillermo *el Conquistador* (que antes era llamado *el Bastardo*, por ser hijo ilegítimo del duque Roberto *el Magnífico*), que aprovechó la guerra en el norte de Inglaterra entre el autóctono Harold Godwinsson y noruego Harald *el Despiadado* para desembarcar por el sur. La batalla de Hastings, ganada a los exhaustos ingleses, le proporcionó la corona y la expansión de sus normandos por toda la isla.

Nunca murieron

LA CORONACIÓN DE GUILLERMO *EL CONQUISTADOR* es la principal noticia que circula por todo el mundo nórdico. Tal vez no lo saben, pero con ella ya podemos dar por terminada la «era vikinga». Menos de tres siglos, pero suficientemente intensos como para haber transformado el mundo.

Pero aún quedan algunos sucesos importantes relativos a la cultura vikinga, sobre todo los relacionados con los textos escritos, que serán fundamentales para que la memoria de este pueblo no se pierda totalmente: en Islandia comenzará la transcripción de las sagas que, durante generaciones, han pasado de boca en boca. Este proceso llegará a su cenit con los escritos de Snorri Sturlusson, autor de una historia de los reyes noruegos, las *Edda* en verso y en prosa y la *Saga de Egil Skallagrimsson*.

Tras la implantación general del cristianismo en toda el área nórdica, la inicial tolerancia hacia quienes pretendieron mantener las antiguas creencias fue nula, agravándose más tarde con la llegada del luteranismo. La palabra mártir se aplica a los cristianos que mueren violentamente por su fe, pero con ese mismo concepto murieron muchos nórdicos acusados de brujería, herejía o blasfemia, hasta el punto de que las tradiciones vikingas, incluso las que poco o nada tenían que ver con asuntos religiosos, llegaron a perderse, como si la «era vikinga» hubiese sido un agujero negro en la historia. La mayoría de los escandinavos llegaron a olvidar a sus ancestros vikingos, que quedaron relegados a un pasado vergonzoso manchado de barbarie, olvidando de paso, todos los aspectos constructivos de su cultura.

Y así continuaron las cosas hasta que, siglos más tarde, cuando todos los países europeos iniciaron la tarea de mirar sus propias raíces, los escandinavos, con los propios reyes a la cabeza, quisieron rellenar esa laguna de su propia historia. Se rescataron las antiguas sagas, pero también las piedras rúnicas y algunos barcos; se abrieron museos especializados y se celebraron festivales y mercados a la antigua usanza.

Más tarde, el espíritu de aventura y exploración llegó a plasmarse en las naves espaciales Viking y hasta llegó a la cultura popular, creándose una modalidad propia de cómic (*viking fantasy*) o de rock (*viking metal*). Y hasta se ha recuperado la antigua religión, ahora con el nombre de Asatru, que ha sido legalizada en los países nórdicos, aunque cuenta con seguidores en todo el mundo.

Gracias a los escritos del islandés Snorri Sturlusson (1179-1241) conocemos mejor el mundo y la cultura de los vikingos. Podemos considerarlo como una de las grandes figuras literarias de la Edad Media. (Estatua hecha por Gustav Vigeland, Reyholt, Islandia).

Nadie va a negar la parte «vikinga» de su historia ni es tiempo de reivindicar la violencia, pero una mirada desapasionada hacia aquellos tiempos nos dice que los asaltos vikingos en las áreas rurales europeas, al principio bajo la indiferencia y el miedo de los nobles que debían protegerlas, hizo que muchos campesinos protestasen y se enfrentasen a sus amos e incluso que huyesen hacia zonas más seguras. Para paliar esta situación de abandono de los campos, los nobles se vieron obligados no sólo a gastar sus riquezas en mejorar la defensa de su territorio (y no sólo la de su castillo o ciudad) sino a aflojar la presión que ejercían sobre los campesinos, sobre todo en materia de tributos, dejando de ser esos «siervos de la gleba», que prácticamente era una manera de definirlos como esclavos, llegando en casos a la ruptura de vínculos y a algo así como a un estatus de plena libertad. Muchos historiadores ven en estos cambios el motivo de la posterior gran prosperidad de estas regiones europeas entre los siglos X y XII.

No inventaron la piratería ni la extorsión, aunque tal vez las llevaron a límites nunca antes conocidos; en cualquier caso, su violencia y crueldad fueron similares a las de otros pueblos contemporáneos que, por otro lado, vivían en un continuo estado de guerra. Pero ellos fueron los mejores navegantes, exploradores y mercaderes de su tiempo; con sus sagas y versos hicieron la mejor literatura medieval, fundaron ciudades y estados que unieron a esa larga ruta comercial que lograron desplegar desde Groenlandia hasta Bizancio, y aún más lejos.

En definitiva, fueron uno de los grandes motores de la historia y las culturas europeas.

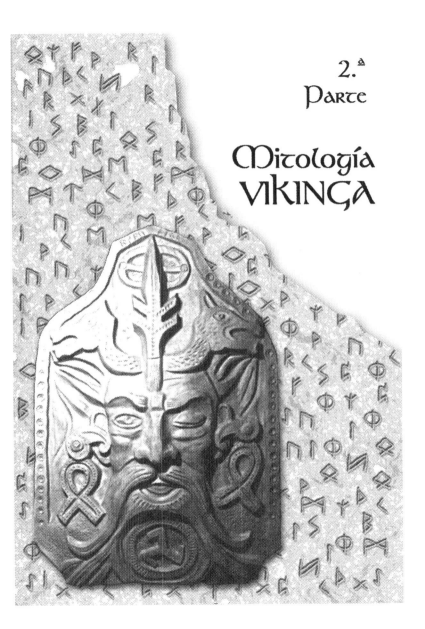

2.ª
Parte

Mitología
VIKINGA

CADA PUEBLO TIENE UNA MANERA de representar su mitología basada en su concepción del mundo y la vida, las tradiciones heredadas de los antepasados, a veces mezcladas con las de otros pueblos, y las propias revelaciones de quienes consideran sus seres superiores. Por eso, cada pueblo utiliza sus propios símbolos y sus propios personajes para contar los grandes eventos en que se vieron involucrados sus ancestros y los seres que los crearon en un pasado remoto, donde el tiempo y el espacio parecían funcionar de otra manera. Toda esa imaginería, en muchos casos, también responde a un código transmitido al futuro a base de símbolos, con la esperanza de que habrá alguien que sepa descifrarlo debidamente en algún momento.

La mitología escandinava nos puede parecer hoy en día muy irracional (al igual que cualquier otra), pero para los vikingos aquellas cosas habían ocurrido hacía mucho, mucho tiempo. ¿De qué serviría pretender comprenderlas o intentar darle una dimensión más humana? También cabe la sospecha de que los transcriptores medievales añadieran, intencionadamente o no, algo de su propia confusión. En cualquier caso, si hubo referencias que ayudasen a comprender mejor los simbolismos y los mensajes ocultos, no han llegado hasta nosotros. Así que es mejor hacer como los vikingos: escuchar (o leer) las leyendas y dejarse llevar por su magia.

Allfoder o «padre de todos» era uno de los doscientos apelativos con los que se conocía a Odín, dependiendo de la función que ejerciese en cada momento. También era *Baleygr,* el Ojo Llameante, de resonancias tolkianas (Piedra rúnica del Museo de Historia, Estocolmo, Suecia).

VALHALLA

IMAGINEMOS LA ESCENA: una pequeña batalla en una llanura de Jutlandia. Aquel Thorsteinn que conocimos en el primer capítulo es el jefe de uno de los bandos enfrentados. Con gran rapidez se suceden arengas, insultos, aullidos y gritos de guerra, entrechocar de armas, maldiciones y lamentos de los heridos, euforia de los ganadores.

Thorsteinn cae mortalmente herido. En el suelo, tras los gestos de dolor y sorpresa, sabe que va a morir, y su vista se pierde en el infinito sin que su rostro muestre ni el más leve rasgo de miedo o desesperación ante lo que ocurrirá después. La acepta de buena gana. Al fin y al cabo, va a terminar sus días en este mundo tras un valeroso combate, tal como desde pequeño había deseado.

No es un suicida. Ama y disfruta completamente la vida en toda su plenitud. Como dice el *Havamal*: *"vive con ilusión mientras estés vivo"*. Ha acudido a la batalla para luchar con todas sus fuerzas, vencer al enemigo y, después, regresar con el honor de la familia limpio; pero le ha llegado su hora. Y eso, en las presentes circunstancias, no resulta una tragedia. Él ha vivido mucho más que sus contemporáneos. Sin duda es un final mejor que morir consumido por la enfermedad y el irremediable deterioro del cuerpo. Su nombre será recordado por quienes le sobrevivan; además, la recompensa de sus dioses está próxima. ¿Qué más puede pedir?

Valkirias y *einherjar*

Sigamos imaginando: una resplandeciente doncella sobre un caballo alado se acerca a nuestro vikingo moribundo. Éste exhala su último aliento y, sobre el suelo, queda un cuerpo sin vida con una mano aún aferrada a la empuñadura de la espada. Eso es todo lo que pueden ver quienes permanecen en el campo de batalla, unos sufriendo la agonía de una herida mortal, otros la vergüenza cruel de la derrota, y otros exultantes por su victoria. Pero ninguno verá el éxtasis de ese doble etéreo que ha abandonado el cuerpo físico y se dirige al Asgard, la tierra de los dioses, transportado a lomos del caballo alado por una de las valkirias, una especie de cuerpo de élite femenino encargado de recoger a los más valerosos guerreros caídos en combate.

Una vez atravesado el Bifrost (puente del Arco Iris que une el Asgard, la tierra de los dioses, con el Midgard, la Tierra Media de los humanos), ambos se dirigen hacia un salón especial llamado Valhalla. Allí, en la puerta llamada Valgrid, le espera nada menos que Freya, la bella diosa del amor. Es ella quien decide si finalmente entrará en el Valhalla o irá al Folkvang, su propio palacio en el Asgard.

A nuestro héroe se le escapa el complicado y rápido proceso por el cual la diosa tomará su decisión, pero ésta finalmente le da la bienvenida al Valhalla ofreciéndole un cuerno con el *mjöd,* hidromiel sagrado. Ahí está representada la recompensa del guerrero; a partir de ahora es un *einherjer,* un «muerto glorioso», y junto a sus nuevos compañeros esperará allí la llegada del *Ragnarok*, la gran batalla del fin de los tiempos, para defender a sus dioses del ataque de los habitantes del Jotunheim: los gigantes primordiales del universo, que representan las fuerzas caóticas de la naturaleza y que siempre están dispuestos a hacer que las cosas vuelvan al caos del que todo surgió. Durante un tiempo incalculable, los dioses los han mantenido a raya entre los límites de su mundo, pero los caminos que se vislumbran para el futuro confluyen en un momento y lugar en que los gigantes tendrán su hora de la venganza. Odín conoce ese futuro y, por ello, ha organizado este ejército de valerosos humanos.

Todos los *einherjar* han caído en parecidas circunstancias que Thorsteinn, siempre con la espada ensangrentada en la mano. Su vida en el Valhalla no será la espera ociosa del momento decisivo: durante el día combatirán entre ellos, no un entrenamiento amable para mantenerse en forma, sino una lucha de verdad en la que habrá muertos; aunque, al anochecer, esos extraños difuntos por partida doble se levantarán y se reunirán con los demás en el interior del enorme salón, donde cenarán en alegre camaradería con el mismísimo Odín, que también recibía el sobrenombre de Valfodur, *el padre de los muertos en combate*. Eso sí, el dios no probará la comida (carne de jabalí que se regenera cada día en un caldero mágico) y sólo compartirá con los suyos el sagrado hidromiel, servido por sus hijas, las valkirias.

Según la *Edda* del islandés Snorri Sturlusson, el Valhalla era un enorme salón, con 540 puertas que permitirían la salida de 800 *einherjar* por cada una de ellas cuando llegase la hora anunciada por el cuerno de Heimdall, el dios guardián del Asgard. Las vigas estaban hechas con las lanzas, y el techo con los escudos de los guerreros.

Las valkirias («las que eligen a los muertos del combate») eran hijas de Odín. La mitología escandinava suavizó bastante su imagen, ya que en la previa mitología germánica eran unos seres siniestros que bajaban a los campos de batalla entre las tormentas y sembraban la muerte para procurar guerreros a su padre, que entre esos pueblos recibía el nombre de Wotan. Éste, en muchas ocasiones, incitaba a la lucha a los grandes

El dios Heimdall era el guardián del Asgard; con su cuerno Gjall daría la alarma de la llegada de los gigantes cuando se desencadenase el Ragnarok. Se decía que su oído era tan fino que podía escuchar cómo crecía la hierba en el campo o la lana en las ovejas. (Estocolmo, Suecia).

guerreros para que alguno de ellos pereciese en el combate y así aumentar su tropa de *einherjar*. Al fin y al cabo, todo debía estar preparado para *la era del hacha y de la espada, la era del viento antes de la destrucción de los mundos*.

Se decía que las armaduras de las valkirias producían unos resplandores llamados Luces del Norte o Aurora Boreal. Si un guerrero las ve, sabe que su fin está próximo, pero también sabe que ese fin no es sino el comienzo de una vida mejor. Lo que tal vez no sepa es que esa nueva y gloriosa vida terminará algún día y que todo el empeño de Odín y sus hombres será una batalla perdida de antemano para todos.

Pero, hasta que llegue ese momento, el nuevo *einherjer* tiene el privilegio de compartir su vida sobrenatural con los viejos grandes héroes del Valhalla, allá en el lejano Asgard, la tierra de los dioses vikingos.

Los familiares que Thorsteinn deja así lo creen; incluso los enemigos que han acabado con su vida y que no tienen inconveniente en reconocer su valor. Sin duda, se merecía el Valhalla.

Veamos ahora qué cosmovisión y qué trasfondo filosófico-religioso sustentaban estas creencias.

HIELO Y FUEGO

SEGÚN NOS CUENTA LA *EDDA*, mucho antes de que se crease la Tierra, ya existía el gélido Nilfheim, del que surgían doce ríos. Y antes de que existiese ese lugar, ya existía el Muspel, donde habitaba un ser llamado Surt, que tenía una espada flamígera. Y antes de todo esto, sólo existía el caos originario, del que surgió un abismo impreciso llamado Ginnungagap.

Los ríos del Nilfheim fueron llenando aquel gélido Ginnungagap, donde sus aguas se helaron, excepto en el lugar más cercano al Muspel, donde el calor hacía que se levantasen grandes chorros de vapor, que caía en forma de escarcha. Así, del contacto entre el hielo del norte y el fuego del sur surgieron el gigante Ymir y la vaca Audhumla. Ymir originó un hijo y una hija, unidos por la cabeza; por su parte, la vaca hizo surgir del hielo al primer dios, Buri.

Construyendo el universo

BURI, UNIÉNDOSE A UNA GIGANTA, tuvo a Bor. Éste, por el mismo procedimiento, tuvo a Odín, Vili y Ve. Pronto surgieron las diferencias entre los dos tipos de seres y la guerra entre ellos duró miles de años sin que ninguno prevaleciera sobre el otro. Hasta que, un día, entre los tres dioses consiguieron matar a Ymir. De su cuerpo se derramó tanta sangre que todos los gigantes perecieron ahogados, excepto un pareja que daría lugar a la futura raza de los gigantes, que habitaría en su propio mundo.

Con los restos de Ymir colocados en medio del Ginnungagap, los tres dioses construyeron Midgard, el mundo que más tarde darían a los humanos: con el cráneo hicieron la bóveda celeste; con la sangre, los océanos; con su carne, la tierra firme; con sus huesos, rocas y montañas, y con sus cabellos, los árboles; con sus sesos, las nubes. Todo esto lo iluminaron con las brasas que tomaron del Muspel. De entre ellas, seleccionaron el Sol y la Luna (para los vikingos, y para otros pueblos antiguos, eran géneros distintos a como lo entendemos nosotros, es decir, la Sol y el Luna), que montaron sobre sendos carros que recorrerían el cielo, creando así el Tiempo.

Con esta victoria sobre las fuerzas caóticas se llegó a un punto de estabilidad y equilibrio. Era el momento de crear a los primeros seres humanos. El primer hombre se llamó Ask y procedía de un fresno; la primera mujer fue Embla y estaba hecha de un olmo. Odín les dio espíritu y vida; Vili, inteligencia y sentimientos; Ve, percepciones y capacidad de hablar. Esta pareja y sus descendientes habitarían la zona del universo que se había forjado para ellos: el Midgard o Tierra Media.

Un enorme fresno, llamado Yggdrasil, al modo del Árbol de la Vida de tantas culturas antiguas, era el lugar de apoyo y equilibrio de todo el universo, que estaba dividido en nueve mundos destinados a los distintos seres que lo poblaban: dioses, gigantes, enanos, elfos y humanos. Tenía tres grandes raíces. Una de ellas se hundió hasta el Nilfheim, donde estaba el manantial Hvergelmir, de donde fluyeron los ríos primigenios. La segunda raíz llegó hasta el Jotunheim, justo hasta el manantial de Mimir, donde se concentraba todo el conocimiento posible. La tercera raíz creció hasta el Asgard, en un lugar cercano al manantial Urd, de donde las Nornas, que controlaban el destino del mundo, recogían agua para regarla.

Pero el gran árbol también tenía sus enemigos, que buscaban la inestabilidad y el caos en el universo que él mantenía. Por sus ramas corría continuamente la ardilla Rastatoskr, que pasaba el tiempo sembrando cizaña entre la serpiente (o dragón) Nidhogg y un águila que se posaba en la parte superior del árbol. Esta serpiente roía la raíz del Nilfheim, intentando su destrucción. Además, cuatro ciervos se comían los brotes recién salidos. Sólo los cuidados de las Nornas hacían posible la continuidad de la vida del Yggdrasil.

DIOSES Y DIOSAS

LAS DEIDADES NÓRDICAS estaban divididas en dos grandes familias: los Aser y los Vanir. Estos últimos vienen a representar los aspectos femeninos de la cultura, mientras que los Aser representan los masculinos. La agricultura y la fertilidad frente al gobierno y la guerra, que tal vez reflejase el encuentro entre los pueblos protovikingos que habitaban las tierras nórdicas con otros llegados del sur.

Hubo una época en que todo el universo estaba en paz. A aquello se le llamó Edad de Oro, pero cierto día comenzó una guerra entre las dos razas de dioses, provocada por la muerte de la diosa *vanir* Gullveig, por parte de los Aser, cuando ella se negó a compartir sus secretos. Pasó el tiempo y decidieron reconciliarse; aunque, para asegurar el mantenimiento de la paz, hicieron intercambio de rehenes, como también hacían los vikingos. Con los Vanir se fueron Hoenir, Mimir y Kvasir, mientras que al Asgard de los Aser se fue Njord junto a sus hijos Frey y Freya.

Veremos ahora los rasgos más importantes de algunos dioses, sobre todo de Odín y Thor, los más populares con diferencia.

Odín, el dios chamánico

Para los vikingos fue Odín, para los germanos Wotan y para los anglosajones Woden. Tres nombres para el mismo ser, todos los cuales significaban Furia. Aunque también habría

Odín perdió un ojo en el «pozo de la sabiduría», como intercambio
por los conocimientos que allí adquirió. Su principal templo estuvo en
la actual Odense, la Ciudad de Odín, en Dinamarca.
(Ayuntamiento de Oslo, Noruega)

que contemplar una palabra sinónima que se ajustaría mejor
a las cualidades de este dios: arrebato, ya que en ese estado de
trance inspiraba el ingenio de los *skalds* (poetas), las prácticas
de los *vitkis* (maestros de runas) o la fuerza de los *berserkers*
(guerreros), cuando este tipo de personas eran capaces de
realizar actos vedados a los demás.

También se le llamaba «el padre de todos», y no sólo en sentido figurado, ya que era el padre físico de la mayoría de los dioses. Tenía un solo ojo y le acompañaban su caballo Sleipnir, de
ocho patas, los cuervos Hugin y Munin, que sobrevolaban la tierra y le informaban de todo lo que veían, y los lobos Geri y Freki.

En la *Ynglingasaga* se citan algunas de las facultades de Odín que podríamos considerar relacionadas con el chamanismo: podía abandonar su cuerpo a voluntad y transformarse en un animal o viajar instantáneamente a tierras lejanas o traspasar las barreras de los distintos mundos. Con sus palabras, conjuros rúnicos, podía apagar el fuego, calmar el mar o cambiar la dirección del viento; sabía el destino de los hombres y las cosas que aún no habían ocurrido, podía matarlos o causar enfermedades, provocar la locura o arrebatarles su fuerza para entregársela a otros. Sus viajes los hacía a través del Yggdrasil, el fresno del mundo, sobre su caballo: una imagen simbólica muy similar a la usada por los chamanes para sus viajes astrales. Sus cuervos podrían representar las facultades chamánicas de «ver» cosas que ocurrían en otros lugares.

Otra de las muchas atribuciones de Odín era la de jefe de la Cacería Salvaje, cuando encabezaba una horda de espíritus humanos, perros y caballos y salía en la noche invernal (durante la celebración del *Jolblot*, el solsticio de invierno) buscando las almas de los que habían fallecido recientemente. Para los vivos era muy peligroso contemplar esto, pues podían volverse locos e incluso morir y ser llevados por la tétrica comitiva; por otro lado, se creía que aquello era beneficioso para la fertilidad y la renovación de las fuerzas espirituales de la tierra que, de otro modo, se vería negativamente afectada por los espíritus que por ella vagasen sin rumbo.

Odín pasó por un terrible ritual iniciático que lo llevó a conseguir el conocimiento de las runas, como veremos en el capítulo correspondiente. No menos terrible fue ese otro ritual que lo llevó a perder un ojo a cambio de la sabiduría, en el manantial de Mimir.

En su continua búsqueda del conocimiento y el poder, viajó por los nueve mundos bajo distintas identidades, aunque su imagen más habitual era la del viejo viajero de larga barba, sombrero ancho y una capa gris o azul. Esa es, justamente, la apariencia que siempre se ha atribuido a los hombres de conocimiento: magos, brujos, druidas, hechiceros. Es la imagen que nos ha sido legada desde las crónicas antiguas a los modernos escritores, y que valen tanto para Merlín como para Gandalf; apariencia siempre deudora de aquel Odín viajero o vagabundo. Claro que no es sólo la imagen del hombre que busca la sabiduría siempre con buenos fines, ya que era un dios carente de moral en el sentido que ahora se suele dar a ese término, es decir, sus acciones no estaban movidas por lo que habitualmente conocemos como el bien y el mal. Debido a su poder, los desequilibrios que podían provocar sus acciones tendrían graves consecuencias para el universo.

Thor, el dios popular

THOR ERA HIJO DE ODÍN y una representación de la Madre Tierra llamada Jord, lo que le otorga ser, simbólicamente, hijo del cielo y de la tierra. Y puede decirse que ganó a su padre en popularidad, ya que estaba más cercano al hombre corriente. Sobre él hay más historias y leyendas que sobre

Thor (Trueno) con su martillo Mjollnir (Relámpago). Dios aventurero y viajero, a él dirigían los vikingos la mayor parte de sus oraciones, sobre todo cuando iniciaban un viaje, incluso después de la cristianización. (Estocolmo, Suecia).

ningún otro; también hay muchos nombres personales y toponimias compuestos con su nombre, que significa Trueno. Era quien controlaba las condiciones atmosféricas, sobre todo rayos y truenos. Eso le convertía en un dios de la fertilidad para el campo, ya que se atribuía a sus rayos caídos en tierra la consecución de las buenas cosechas. También era el favorito de quienes emprendían algún viaje, que le pedían buen tiempo. Su símbolo, el martillo, era llevado como amuleto, colgado del cuello de las personas o en la proa de un barco.

Se le invocaba como protección, para recuperar la salud, mejorar la cosecha o alcanzar la justicia. También para consagrar las runas o los lugares donde iba a realizarse alguna ceremonia.

Su apariencia externa era la de un joven pelirrojo fuerte y temperamental rodeado de un halo de fuego o estrellas. Siempre iba armado con su martillo Mjöllnir y con su cinturón Megingjord, que multiplicaba su fuerza. Estos elementos mágicos, elaborados por los enanos del Svartlafheim, orfebres y magos, los utilizaba para combatir a los gigantes del Jothunheim. Cuando estaba calmado, sus ojos eran verdes, mientras que en estado de ira cambiaban al rojo.

Habitaba en un palacio llamado Bilskirnir, el más grande del Asgard. En él acogía a los que no habían muerto en la batalla pero habían llevado una vida valerosa, sin que hiciese distinción de clase o condición. Tenía un carro tirado por dos cabras, aunque su animal totémico es el águila. Los truenos se producían cuando viajaba sobre él a través del cielo.

Su día de la semana era el jueves y aún sigue así en inglés y en las lenguas nórdicas (Thursday y Torsdag, día de Thor). Las asambleas *(things),* donde se dirimían las leyes y se juzgaba a los acusados de algún delito, se inauguraban justamente en jueves, y el símbolo del martillo estaba siempre presente. Posiblemente ese sea el origen del mazo que ahora usan los jueces para imponer su autoridad.

Otros dioses

FRIGGA, HIJA Y SEGUNDA ESPOSA DE ODÍN. Era una diosa especialmente querida por las mujeres, ya que se encargaba de los hogares, los matrimonios y el orden social. Se le invocaba en

Frey, dios de la fertilidad. Se le solía representar de manera itifálica. Era el tercero de una tríada, junto a Odín y Thor y representaban, respectivamente, los aspectos mentales, físicos y sociales, que debían permanecer en equilibrio. (Museo de Historia, Estocolmo, Suecia)

las bodas, al cocinar, durante los partos y ante el telar. En su palacio del Asgard recogía a las parejas que habían muerto amándose para que permanecieran juntos después de la muerte. También tenía unas ayudantes encargadas de tareas relacionadas con el amor, como Lofn, que se ocupaba de unir las parejas que estaban destinadas para ello; Viofn, a su vez, se encargaba de reconciliar a los enamorados; Gefjon se ocupaba de quienes morían sin casarse; Vara castigaba a los que incumplían sus promesas; Fulla conseguía que las mujeres quedasen embarazadas. Algunos autores piensan que más que seres distintos, bien podría tratarse de otras formas de denominar a la propia Frigga, según las funciones que realizase, tal como ocurría con su esposo Odín.

Frey era el dios de la fertilidad y la salud, tanto de las personas como de los animales. Por extensión, también lo era de la riqueza y la prosperidad. Bajo su protección se conseguían buenas cosechas, el ganado crecía sano y las personas procreaban hijos fuertes. Era tan popular que, aún hoy en día, se pueden encontrar unos ochenta topónimos relacionados con él en Escandinavia y Normandía. Su iconografía tradicional lo representa sentado tirándose de la barba y con un gran pene erecto. Su imagen era llevada en procesión por los campos después de la recolección, sobre un carro, para asegurar la próxima cosecha. Sus seguidores llevaban un talismán con la imagen de un jabalí, y justo con una cabeza de este animal se le honraba en la llamada *Noche Madre,* dentro de las fiestas de Jol (actual Navidad). También en su honor, los vikingos echaban migas de pan o derramaban un poco de cerveza sobre la tierra antes de comer y beber. Hay una saga en la que se cita a un *sacerdote de Frey,* por lo que debía de haber cierto clero dedicado a su culto. Se le supone ancestro de los Ynglingar, los iniciadores de la dinastía real en Suecia, uno de cuyos reyes tenía un casco llamado *Hildigortr,* el Jabalí de la Guerra. También era el rey de los elfos, e incluso tenía su residencia en su mundo, el Alfheim (Reino de los Elfos).

Freya complementaba las funciones de su hermano gemelo Frey al ser diosa del amor y la fecundidad. Se transportaba en un carro tirado por los gatos Bygul y Trjegul. De gran belleza y muy libidinosa, sus amantes podían ser dioses, elfos, enanos e incluso humanos, pero nunca gigantes, a los que detestaba. Su culto estaba relacionado con el lino, cuyas semillas sólo podían sembrarse en viernes, que era su día. Para obtener una de sus propiedades más queridas, el collar Brising (Resplandeciente), tuvo que acostarse con los cuatro enanos que lo habían fabricado. Ese collar será su principal símbolo como diosa: el círculo. Cuenta un leyenda que ella y su hermano fueron capturados por los gigantes, y que un humano llamado Odr los liberó (según otra versión, éste es un elfo), por lo que Freya se casó con él, siendo su único esposo reconocido. Cuando lo perdió, lloró lágrimas de oro. Justamente por eso, al oro se le llamaba «lágrimas de Freya». Otra de las historias relacionadas con los dioses cuenta que el gigante Thrym robó el martillo a Thor solamente para exigir a Freya a cambio. Como jefa de las valkirias, una de sus funciones era recibir en el Valhalla a los guerreros muertos valientemente; algunos de ellos irían a su palacio. No ha quedado ningún escrito que describa el tipo de vida que les esperaba, aunque es de suponer que allí se dedicarían más al amor que a la guerra. A ella se debía el uso del *seidr,* la magia femenina. Los vikingos la llamaban «la Señora».

Tyr, también hijo de Odín, estaba considerado como el más bravo de los dioses, por lo que era invocado antes de la batalla. Representaba el honor en el combate, algo que no era muy compatible con la lucha furiosa de los *berserkers,* a los que se suponía bajo la protección de Odín. Había una runa que lo representaba y que los guerreros solían grabar en la hoja de sus espadas; muchos de ellos, posiblemente, la llevaban tatuada en la piel. Se decía que alguien que sabía mucho era sabio como Tyr.

Balder era el dios de la verdad, la luz y la inocencia; a pesar de ser querido por todos los dioses, moriría asesinado involuntariamente por su hermano Hodur en una de las tramas cargadas de malevolencia de Loki; este importante suceso lo veremos más adelante.

Heimdall, o «el que brilla sobre el mundo», habitaba un palacio llamado Himingbjorg, la Custodia del Cielo. Desde él observaba continuamente el puente Bifrost para que no pasase a la tierra de los dioses nadie que no hubiera sido invitado. Como mensajero de los dioses, viajó por el Midgard haciéndose llamar Rig, donde ocasionó la generación de las tres clases de hombres: esclavos, libres y nobles. Fue él quien les enseñó las runas, así como a realizar los cultos y sacrificios a los dioses. Estableció entre ellos la primera monarquía a través de su hijo Kon.

Aegir era un dios poco querido, al igual que su esposa y hermana Ran, ya que ambos gobernaban sobre los océanos y estaban siempre dispuestos a causar naufragios. Al Mar del Norte se le llamaba «la olla de Aegir», y sus hijas eran las nueve olas. Muchos vikingos se aseguraban de llevar una pieza de oro al embarcar; en caso de naufragio, se la tenían que entregar a Ran para que no fuese muy cruel con ellos.

Njord era el dios de los vientos, invocado en casos de tempestad en alta mar para anular los malos deseos de Aegir. También era el protector de los nuevos comienzos, por lo que era especialmente invocado en los viajes de colonización. Se le relaciona, asimismo, con la transmigración de las almas, que suponía regresar a la vida. Era padre de Frey y Freya.

Hermod, el «espíritu guerrero», era el jefe de las valkirias y les ayudaba a transportar a los valerosos guerreros al Valhalla. Debido a su velocidad también hacía de mensajero de Odín, sobre todo cuando éste no podía acudir personalmente a infundir valor a los guerreros en las batallas de Midgard. Era el único que podía cabalgar en Sleipnir, el caballo de su padre.

Forsetti, hijo de Balder y Nanna, era el dios de la justicia, y a él acudían los dioses a dirimir sus desavenencias, saliendo siempre reconciliados.

Saga era la diosa de la Historia, encargada de mantener la memoria de los pueblos.

Bragi era el dios de la Poesía, la Elocuencia, la Música y la Literatura. Estaba casado con Idunn y tenía runas grabadas en la lengua. Los enanos le regalaron un arpa mágica. Transmitía su sabiduría a través de sus canciones y sagas. El primer escaldo del mundo nórdico también se llamaba Bragi.

Idunn, diosa de la juventud y la belleza. Les entregaba a los dioses las manzanas de la eterna juventud, con las que mantenían su energía y salud.

Ull, dios de la Caza y los Arqueros. Su nombre también figura en la toponimia de numerosos lugares de Escandinavia. Su residencia era Ydalir, construida con madera de tejo, al igual que los arcos de los nórdicos.

Skadi, diosa de las montañas cubiertas de nieve. Le gustaba la independencia. También era la favorita de las mujeres guerreras. Se cree que se debe a ella el nombre de Escandinavia.

Vidar, hijo de Odín y la giganta Grid, era llamado el dios silencioso. Los zapateros vikingos le ofrendaban el cuero que les sobraba.

Mimir era el dios más sabio. Fue entregado a los Vanir como rehén, pero fue asesinado. Los Vanir mandaron su cabeza de vuelta a los Aser. Odín preparó ciertas hierbas para conservarla y, por medio de un conjuro rúnico, le otorgó la capacidad de seguir hablando. La cabeza fue colocada al lado de un manantial bajo las raíces del Yggdrasil.

Jord. Representación de esa Madre Tierra común a todos los pueblos. De su unión con Odín, nació Thor.

OTROS SERES

LOS DISTINTOS MUNDOS DE ESTA MITOLOGÍA estaban habitados por otro tipo de seres, algunos tan populares que han permanecido en el folclore de los antiguos territorios vikingos, como los gigantes, los enanos o los elfos.

En algunas viejas leyendas europeas se habla de seres similares que convivieron con los humanos durante un largo período de tiempo, hasta que estos últimos se hicieron más fuertes, tecnológicamente hablando, y, ante la amenaza que eso suponía, aquellos otros seres optaron por retirarse a las frías zonas deshabitadas del norte. Cuando los hombres llegaron más tarde a poblar estos territorios, salvo muy contados casos, ya habían perdido la capacidad de percibirlos en la dimensión o longitud de onda en que ellos vivían. Pero veamos qué nos dice la mitología vikinga.

Gigantes

Eran los seres más antiguos del universo. Aunque no todos eran iguales; algunos de ellos, como los *etins*, eran sabios, poderosos y poseedores de poderes mágicos. Los dioses los envidiaban por sus vastos conocimientos del pasado; al fin y al cabo eran los seres primordiales. Cuando Odín obtuvo la sabiduría bebiendo en el pozo de Mimir (por lo cual perdió un ojo, ya que ningún don se recibe gratis), corrió al Jothunheim para medir su nueva capacidad con Vatthrundir, el más sabio de los gigantes. Y, si bien sobre el pasado lo sabía todo, en cuanto al futuro el gigante era del todo ignorante.

Vivían en las montañas y sólo podían salir por las noches, ya que los rayos del sol los convertían en piedra, por lo que muchas rocas con vagas formas antropomorfas de Escandinavia se suelen llamar la «piedra del gigante».

En la lucha eran pesados y torpes y sus armas eran de piedra, por lo que los dioses, y sobre todo Thor con su martillo mágico, no tenían demasiadas dificultades para mantenerlos a raya. En el fondo no son muy distintos a los seres primordiales de otras mitologías, previos a los dioses y que, en algún momento, se enfrentan a ellos, como los *titanes* (Grecia), los *fomores* (Irlanda), los *danavas* (India) o los *nephilim* (Sumeria). Los islandeses llaman a sus montañas con el nombre de *jokul,* que es una derivación del nórdico *jotun* (gigante).

Poco se sabe de la parte femenina del Jotunheim, aunque alguna leyenda cuenta que las gigantas podían cabalgar sobre lobos usando víboras como bridas. Y algunas debían de ser lo suficientemente atractivas como para que, a pesar de la secular enemistad entre especies, los dioses no tuvieran inconveniente en mantener relaciones con ellas; de hecho, algunos dioses son fruto de este tipo de uniones. En cambio, las diosas solían encontrar despreciables a los gigantes.

Enanos

El Svartalfheim era el mundo subterráneo al que se desterró a una raza, los enanos oscuros y deformes, surgidos como gusanos de la carne de Ymir. Los dioses les dieron una inteligencia con la que consiguieron ser excelentes herreros y orfebres, fabricantes de objetos mágicos como el martillo de Thor, el collar de Freya o el anillo de Odín. Por otro lado, para los humanos fabricaban objetos de discordia, sobre todo espadas que a la larga se volvían contra su poseedor y cuya maldición no era exterminada ni aún llevándoselas a la tumba.

Al igual que los gigantes, podían entrar en el Midgard, pero sólo de noche; y si un rayo de sol los sorprendía, quedaban petrificados. Dependiendo de la región de la que se tratase, los enanos podían ser denominados *goblins, pucks, trolls, kobolds,* etc. En Noruega hay toda una serie de cuentos populares basados en los *underjordiske* o criaturas subterráneas, que a su vez pueden ser *bergfolk*, gente de las montañas, o *haugfolk*, gente de la colina. Éstos hacían una vida similar a la de los humanos y, en determinados momentos, hasta podían entrar en nuestro mundo, como refleja la historia de Peer Gynt, creada por Ibsen, el escritor noruego más universal.

Algunos expertos en mitología nórdica piensan que enanos y gigantes son variantes de la misma raza; incluso hay listas de nombres de ambos grupos que coinciden, cosa que no es nada normal. Por otro lado, las leyendas relativas a los enanos siempre los mencionan en masculino, como si en su mundo no existiesen las hembras. Su aspecto siempre es de viejos, pero son muy fuertes y voluntariosos.

Había cuatro de ellos, llamados Nordri, Sudri, Austri y Vestri (nombres de los puntos cardinales), que mantenían las cuatro esquinas del cielo, la cúpula construida por los primeros dioses con el cráneo del gigante Ymir.

Elfos

El Alfheim era la tierra de los elfos luminosos o duendes. Con ellos vivía Frey, el único dios que no tenía su residencia en el Asgard, sin que se aclare en ningún sitio qué tipo de vinculación le llevó a tal circunstancia. También estaban asociados con Thor, ya que a veces un grupo de guerreros elfos acompañaba a este dios en sus incursiones por el Jothumheim contra los gigantes.

La figura del *troll* ha permanecido en el folclore de los países nórdicos, siendo protagonista de multitud de cuentos populares. Con el tiempo, perdieron la imagen de ferocidad que tenían en las sagas vikingas para convertirse en unos seres que se vieron obligados a huir a las zonas más inhóspitas, habitando en un mundo subterráneo del que raramente salían. (Bergen, Noruega).

Por otro lado, estaban muy en contacto con los humanos. En algunos relatos da la impresión de que estos seres respondían a algo similar al culto por los ancestros, que supuestamente protegerían a los suyos desde otro plano existencial. A pesar de que, algunas veces, disfrutaban haciendo travesuras, otras veces ayudaban en las tareas más duras de las granjas. Puede que la figura nórdica de Santa Claus represente a uno de ellos, ya que, antes de la imaginería impuesta por Hollywood y Coca-Cola, este personaje era un *nisser,* duende bondadoso y barbudo de edad milenaria al que se invitaba en tiempos del solsticio de invierno ofreciéndole un plato con leche, a cambio del cual dejaba algún regalo.

Pero los elfos, en caso de sufrir un desagravio, podían ser realmente peligrosos. Claro que también ocurría lo contrario, sobre todo cuando una parturienta elfo necesitaba el contacto con una mano humana para poder parir, favor que solían agradecer generosamente.

Aunque no siempre había que fiarse, ya que su código de conducta era ajeno al de los humanos y sus costumbres, muchas veces, imprevisibles. Tal es el caso de los *niños cambiados,* que también tiene mucha tradición en las leyendas celtas irlandesas con el nombre de *changelling.* Unos padres elfo podían cambiar a su bebé por otro humano. Si los padres humanos se percataban de ello (y es fácil hacerlo por lo mucho que comía y lloraba el intruso) podían conseguir que los elfos le devolviesen el suyo azotando al niño elfo o poniéndole grasa en los pies y acercándolo al fuego, para que sus padres no pudiesen soportar sus quejidos de dolor y corrieran a realizar el cambio inverso. También estaba la figura de la *alfkona,* que entraba en el Midgard con la finalidad de quedarse embarazada y tener hijos mestizos. Puede que de esta leyenda surgiesen los nombres relativos a elfos, como *Alf*onso o *Alf*redo.

A los elfos se les atribuía una especie de flechas invisibles que causaba en los humanos dolores, náuseas, lumbago, artritis y, en casos muy extremos, incluso la muerte. Algunas de esas flechas también podían chocar contra piedras, que quedaban así horadadas y a las que después se atribuirían propiedades mágicas.

En cualquier caso, los elfos eran los únicos seres no divinos que se mostraban benévolos con los humanos, que les otorgaban un carácter sagrado del que carecían gigantes y enanos. Por eso eran los únicos a quienes los vikingos agasajaban en una ceremonia especial, llamada *alfablot,* de carácter privado para los miembros de una familia, durante la cual incluso se cerraban las puertas y no se permitía la entrada de extraños. Hay una historia sobre un tal Sighvat, representante del rey Olaf de Noruega, cuando viajó a Suecia para concertar la boda de su señor. El viaje lo hizo parando en sucesivas granjas, donde era invitado a pasar la noche según las costumbres de hospitalidad nórdicas, excepto en una, donde le rechazaron porque estaban celebrando uno de estos *alfablot.* Poco se sabe de estas ceremonias dedicadas a los elfos, excepto que solían realizarse durante el otoño y el invierno. En el resto del año, las amas de casa dejaban para ellos, por las noches, cuencos de leche y miel (en algunos lugares persiste la costumbre) para que les fuesen propicios. En relación con ellos, y con fines mágicos, se usaban el cuarzo y el cristal de roca.

La Iglesia, sin prisa pero sin pausa, fue cambiando poco a poco la imagen de estos seres «positivos», a los que asoció con los enanos, que todos sabían que eran tan malos y retorcidos como listos, y a los espíritus malévolos de las aguas, las tormentas y todos los aspectos desagradables de la naturaleza; todos ellos fueron metidos en el mismo saco, bajo el nombre genérico de elfos.

Los engendros de Loki

También llamado Lopt, Loki era el ser más intrigante y traidor, que siempre actuaba por pura maldad, dando pruebas continuas de su gran astucia. También es un elemento humorístico que quita seriedad al panteón vikingo. A pesar de ser hijo de gigantes (Farbauti y Laufey), consiguió hacerse "hermano de sangre" de Odín, pudiendo así campar a sus anchas por el Asgard, e incluso casarse con la diosa Sygn.

Loki comenzó siendo considerado como un dios, para convertirse paulatinamente en un ser maligno y aborrecido tanto en el Asgard como en el Midgard. Pero, a pesar de no ser querido por nadie, tampoco podían evitar su presencia; además, en muchas ocasiones solucionó graves problemas a los dioses, aunque a veces era él mismo quien previamente los ocasionaba.

Representaba los peores rasgos que podía tener un ser divino o humano desde el punto de vista de los vikingos: el engaño, la traición y el egoísmo. No es de extrañar que no se levantase ningún templo en su honor, no se le dedicaran sacrificios, ni figure entre la toponimia nórdica.

Con la diosa Sigyn tuvo a Nari y Narvi, y de su unión con la giganta Angerboda (cuyo nombre significa «Portadora de calamidades») surgieron los mayores monstruos del universo: Fenrir, Jormungand y Hel. Todos ellos fueron expulsados del Asgard.

Tras romper todas las cadenas con que intentaron sujetar al perro Fenrir, los enanos del Svartalfheim tuvieron que fabricarle una especial. Tyr fue el encargado de ponérsela, urdiendo un juego en el que Fenrir probaría su fuerza; aunque el inteligente y gigantesco perro, intuyendo lo que podía ocurrir, le pidió al dios que, a cambio, pusiese una mano entre sus fauces. Era la única manera de hacerlo, y Tyr asumió la responsabilidad. Resultado: el perro quedó encadenado y el dios quedó manco. Fenrir permaneció así en la isla Lygbi, a donde acudía su madre para darle de comer.

La serpiente Jormungand fue echada por los dioses a las aguas que rodean el Midgard, y creció tanto que allí permaneció enroscada, mordiendo su propia cola.

Hel, también llamada Hella, fue la última criatura que Loki tuvo con Angerboda. Tenía la mitad de su cuerpo corrompido por la muerte, por eso fue mandada al lugar que recibió su mismo nombre, donde cuidaría de quienes muriesen asesinados, de vejez o por enfermedad (según otras versiones, por haber vivido irresponsablemente); su residencia se llamaba Ejudnir. Además, metamorfoseado en yegua, Loki tendría con el caballo gigante Svadilfari a Sleipnir, el caballo de ocho patas que regalaría a Odín.

RAGNAROK

SEGÚN LA MITOLOGÍA VIKINGA, el universo nació con el germen de su propia destrucción, ya que tenía demasiados enemigos trabajando duramente para romper el equilibrio y conseguir el colapso de todo lo creado, tal como ocurre tarde o temprano con todas las civilizaciones. *El lobo gris permanece al acecho ante la morada de los dioses.* Ese final recibiría el nombre de *Ragnarok*, el peculiar apocalipsis nórdico que terminaría con un ciclo cósmico para iniciar, más tarde, otro nuevo.

Pero, para que se desencadenase la batalla definitiva entre gigantes y dioses, serían decisorias las intervenciones activas o indirectas de Balder y Loki.

La muerte de Balder

VEAMOS ESTA HISTORIA RECREADA A PARTIR DE LA *EDDA* que nos legó Snorri Sturluson: *Una noche, todos los dioses despiertan sobresaltados por aquel grito de terror que rompió la quietud del Asgard. Todos miran hacia Breidablik, el palacio de Balder. Allí, y sin haber abandonado completamente el mundo de los sueños, Balder intenta desprenderse de las imágenes que habían herido lo más profundo de su conciencia.*

Su esposa Nanna intenta calmarlo. Sólo ha sido un sueño, le susurra con toda la convicción de que es capaz. Pero en su fuero interno sabe que es algo más. Ese sueño es portador de un mensaje suficientemente inquietante como para provocar tal reacción en el más sereno de los dioses del Asgard.

¿Qué está ocurriendo? Esto ya no puede considerarse como una casualidad. No en Balder, que desde su nacimiento ha experimentado todos los deleites de la fortuna. Justo era él quien había devuelto el equilibrio al universo, demasiado trastornado por los errores y malicias de todos los seres que lo poblaban. Para eso había sido concebido por Odín y Frigga.

Y su llegada se notó en los Nueve Mundos, como si de algún modo se hubiera restablecido la estabilidad de antaño. Y Balder creció sano y feliz. Y el oleaje entre las tramas de la vida se volvió suave como si la energía que movía la existencia partiese de él. Era como si con él hubiese comenzado una nueva Edad de Oro. Nadie ignoraba que algún día Odín tendría que ceder su trono, y que Balder estaba destinado a ocupar su lugar. Y que la vida en general sería mejor. Muchos achacaban a ese futuro cercano el gesto sombrío que el «Padre de Todos» solía mostrar y que ni siquiera las atenciones de Frigga lograban endulzar.

Y todos los seres vivos amaron a Balder. Todos, menos uno.

Pero el sueño de Balder es demasiado inquietante. Odín, como siempre, quiere tener información directa de lo que está ocurriendo o al menos confirmar aquello que ya sospecha. Por eso se encamina al Hel, el reino de la muerte.

A Hela le irrita profundamente escuchar cada vez más cercano el doble galope de Sleipnir. Deja a un lado el cuenco de uñas cortadas y sale de Eljudnir, su deteriorada residencia del inframundo; flotando en el denso aire, trata de interponerse en el camino del dios. No siente ningún respeto por el «Más Grande», que la mandó a aquel reino de muerte al igual que dispersó por otros lugares a sus hermanos.

Se suceden insultos más o menos directos, hasta que por fin Odín consigue que ella, de mala gana, se eche a un lado. Entonces, Sleipnir, del que algunos decían que era como un ataúd llevado a hombros por cuatro hombres, se adentra por los tétricos pasillos del Hel, obligado por su amo a vencer la repugnancia que le produce aquel ambiente. Los que murieron sin pena ni gloria en todas las épocas aguardan el fin de los tiempos con la mirada apagada y envueltos en una profunda apatía. Algunos vagan por los pasillos, como intentando averiguar dónde están o buscando alguna inexistente puerta que les permita escapar de allí. Odín se compadece de ellos al compararlos con sus einherjar.

Aunque muchos sentían que el Hel era un lugar de castigo, desde siempre estuvo pensado como un espacio donde aquellos que habían desaprovechado su vida y la luz que les fue concedida al nacer tuvieran la oportunidad de reconocer sus errores y la voluntad de remediarlos. Llegados a ese punto, tendrían una nueva oportunidad. Si no, allí permanecerían hasta que la llegada del Ragnarok les llevase por un camino que ni se podían imaginar.

Tras recorrer varios pasillos, Odín sale por una oquedad entre una pared rocosa para penetrar en el lugar destinado a los gigantes. Y pronto encuentra a quien busca: una vieja desdentada recostada contra la pared, con la fría mirada perdida en algún tiempo pasado.

Mientras Odín descabalga, la vieja giganta nota la presencia de algo muy distinto a lo que está acostumbrada, y abre sus ojos con preocupación. Cuando reconoce al dios tuerto, se estremece. Odín le cuenta que acude a ella porque aún es recordada como la mejor vidente que habitó en los Nueve Mundos y necesita de sus servicios. La giganta se muestra reacia, pues su tiempo ya pasó, pero el dios es muy persuasivo. Tras ser puesta en antecedentes sobre el sueño de Balder, le confirma la respuesta que ya existía en el fondo de su corazón y que él se empeñaba en no ver: su hijo pronto compartirá con ella y con los demás las estancias del Hel. Y hasta allí llegaría no por enfermedad o vejez, como ocurría con la mayoría de los presentes, sino tras haber sido ase-

sinado. «¿Quién lo matará?», pregunta el dios, pero no hay respuesta. Existe algo así como un poderoso conjuro rúnico que impide la identificación del asesino incluso a la mejor vidente.

Odín regresa al Asgard y cuenta lo sucedido. «¿Y quién querría matar a Balder?», pregunta Frigga. Pero su sonrisa incrédula se borra al ver el semblante de Odín. Está claro que su marido no ha dicho eso por nada; no está jugando ni inventando una historia para entretener o para inquietar a los dioses, como un abuelo que narra a sus nietos un cuento de fantasmas en una noche invernal en torno a la hoguera.

Odín sabe que ese futuro es ya ineludible, pero Frigga no se conforma con aceptar el destino y quedarse con los brazos cruzados esperando que alguien vaya a matar a Balder. Al fin y al cabo son dioses. Si creyesen ineludible el futuro, Heimdal, el dios guardián, abriría las puertas y dejaría que entrasen los gigantes para aniquilarnos a todos, y Thor tiraría su martillo al mar, y Freya dejaría de llevar héroes humanos al Valhalla. Aun siendo conscientes de sus imperfecciones e incapacidades, siguen siendo dioses, no muñecos movidos por la corriente del destino, y siempre habrá algo que puedan hacer.

Entonces, propone en la Asamblea del Asgard que todos y cada uno de ellos recorran los mundos de los gigantes, los enanos, los elfos y los humanos y pidan a todo cuanto existe, sea animado o inanimado, grande o pequeño, que prometa no hacer nunca nada contra Balder.

Los dioses parten en todas direcciones, sin reparar en que Loki revolotea por allí. No es muy popular últimamente y nadie cuenta con él para la tarea que han emprendido. Por otro lado, ninguno cree que Loki pueda ser el posible futuro asesino de Balder. Alguien tan taimado y rastrero no tiene suficiente valor para hacer algo así por sí mismo.

Por otro lado, ¿con quién iba a contar, si todo y todos hacían la promesa sagrada que protegería a Balder? Tan descartado está, que nadie repara en el pequeño trozo de muérdago que esconde bajo sus ropas.

Pasa el tiempo, y los dioses regresan al Asgard con la misión cumplida. Nanna corre a comunicárselo a su marido, que hasta entonces yacía apesadumbrado en la cama, sin que ni sus mimos ni los juegos de su hijo Forseti consiguiesen sacarlo de sus lúgubres pensamientos. Y con él llega al Idavol, donde los dioses suelen reunirse para sus juegos. No tiene muy buen aspecto, pero al menos ha recuperado la sonrisa, y eso basta para que surja un sol radiante sobre sus cabezas.

Thor sugiere que hay que hacer una prueba para asegurarse de que el presagio maléfico ha sido anulado. Ante la expectación de los demás, arroja con fuerza su martillo Mjolnir contra Balder, siendo esa la primera vez que falla en su vida. Tan divertido les resulta aquello a los dioses que empiezan a tirarle todo tipo de objetos, piedras y armas, sin que ninguno dé en el blanco; incluso Balder, definitivamente convencido de su inmunidad, les incita y les grita cariñosos insultos por ser tan ineptos.

Todos participan, excepto Hodur, el hermano ciego de Balder. En un momento determinado, se le acerca Loki y le dice. «Los demás se divierten tanto que se han olvidado de ti. Menos mal que estoy yo aquí para ayudarte. Te voy a dejar un arco y una flecha y además te diré hacia dónde tienes que disparar. Así podrás participar en este juego tan divertido».

Nada objeta Hodur, que se limita a tomar entre sus manos el arco y la flecha. Los demás dioses se han dado cuenta y se apartan para que quede frente a Balder. Incluso sienten cierta vergüenza por no haber tenido la generosa idea de Loki.

Hodur tensa el arco y dispara.

Y a todos se les hiela la sangre cuando ven cómo aquella flecha, hecha a partir de un pequeño trozo de muérdago, se clava en el pecho de Balder. El primero en reaccionar es Thor, que toma su martillo y corre hacia Loki. Pero éste ya ha emprendido el vuelo y, zigzagueando, se pierde entre las nubes.

La noticia vuela por los mundos, y tanto gigantes como enanos y elfos piden permiso para entrar en el Asgard y darle el último adiós a Balder. Sólo los humanos y los habitantes del Hel permanecen ajenos a aquel acontecimiento.

Sobreponiéndose al llanto y al dolor, y en medio de la consternación general, Frigga no se resigna a soportar aquella pérdida. Loki, el perverso Loki, había vuelto a hacer una de las suyas, aunque esta vez los límites transgredidos eran enormes: nada menos que el asesinato de un dios. Comprende que, de algún modo, Loki se las arregló para ocultar un objeto que se libró del juramento. Por eso, su amado hijo ha muerto de una manera tan traicionera. Y ya sabe adónde irá, como si tal destino tuviera tanta fuerza que ni los dioses pudieran torcerlo. Odín parece resignado, pero esa imagen es justo la que desata todo el temperamento de la diosa. Su corazón está lleno de dolor, pero sigue sin conformarse. ¡Ellos son dioses y el Hel no es lugar para Balder, con todo el bien que ha hecho!

Entonces le pide a su hijo Hermond, el mensajero, que vaya a hablar con Hela y le pida que les devuelva a Balder. Ella podrá quedarse con todos los regalos que echen al barco funerario. Todos levantan la mirada. Aquello es como una luz de esperanza. Muy pequeña e incierta, pero todos prefieren aferrarse a ella con fuerza.

Y mientras Hermond emprende el tortuoso viaje hacia el más inferior de los Nueve Mundos, dioses, gigantes, elfos y enanos se disponen a preparar el largo funeral. Nanna y Frigga lavan el cuerpo de Balder, mientras algunas elfas confeccionan un traje con pétalos de flores, gotas de rocío y telas de araña. Al anochecer, cuando los seres de la noche y de los mundos subterráneos ya no pueden sufrir los efectos adversos del sol, miles de voces entonan a su manera el canto fúnebre frente al mar.

Los gigantes ayudan a varar el Hringhormi, el barco de Balder, y a cargarlo con sus propiedades y todos aquellos regalos que va recibiendo. Cuando todo está listo, el cuerpo del difunto dios es subido a bordo. Nanna, destrozada por el dolor, se acoge al derecho de las esposas y pide morir en la pira de su marido. Nadie se opone y sube al barco, tumbándose junto al cuerpo de Balder.

Es el momento de devolver el navío al mar e iniciar la última parte del funeral, pero, al final, tal es el peso de los regalos recibidos, que necesitan el esfuerzo de todos los gigantes presentes para moverlo hacia el agua.

Cuando está a la distancia adecuada, Odín dispara una flecha incendiaria y, bajo un intenso cielo rojo, el Hringhormi se pierde en la distancia mientras es consumido lentamente por el fuego. Las lejanas llamas se multiplican en las retinas de cientos de ojos húmedos, hasta que la noche cerrada se cierne sobre ellos.

Mientras tanto, Hermond llega al Hel y grita el nombre de Balder, pero no tiene respuesta. Incluso llega a pensar que todavía no habrían terminado los funerales y el espíritu aún estaría sujeto a su antiguo cuerpo. Pero, tras recorrer algunos pasillos, lo encuentra, junto a su amada

Nanna, recostado sobre unos lujosos cojines y compartiendo la expresión los demás habitantes de aquel mundo. A su lado se amontonan todas las posesiones y regalos que, en ese momento y lugar, no parecen muy útiles.

De pronto, se da cuenta de que Hela está a su lado, deslizándose como una sombra. Vista tan de cerca le resulta especialmente repugnante, con esa apariencia de carne podrida. Digna hija del perverso Loki.

Ella le dice que no le permitirá que se lo lleve, al fin y al cabo, la vida y la muerte tienen unas reglas que no pueden cambiarse. Hermond intenta convencerla: Balder consiguió que volviese la armonía a los mundos. Todos se han beneficiado de su existencia. Nunca ha habido un ser como él. Ha muerto por culpa de una traición de Loki. Por otro lado, ella es la reina de la muerte, la única que puede cambiar las reglas. Y podrá quedarse con todos los regalos...

A ella no parece convencerle nada de eso, aunque, con ojos de malicia, le propone un reto: Conseguid vosotros, los dioses, que todos los seres vivos derramen una lágrima de dolor por Balder. Si lo conseguís, le abriré la puerta y podrá regresar a vuestro lado.

A Hermond le alegra sobremanera aquella noticia, pensando que eso sólo retarda ese glorioso momento, pues no habrá nadie que no lloré por él.

Una nueva esperanza en el Asgard. Y otra vez teóricamente fácil, aunque ya nadie se fía. Más de uno se asegura de que no esté rondando por allí Loki, que no ha sido visto desde el funesto día del asesinato inducido de Balder. Los dioses y sus mensajeros emprenden entonces un nuevo viaje por los mundos, y consiguen que todos los seres vivos derramen una lágrima de dolor por la muerte de Balder.

Todo, menos uno.

Porque, cuando está a punto de cumplirse el tiempo concedido, Thor encuentra a una giganta que dice llamarse Thokk y que se niega rotundamente a llorar. Ella le increpa con algo así: No eres tú el más adecuado para pedir favores a una giganta. Viuda me dejaste varias veces. Mi tristeza es más grande que la luz de Balder. Los gigantes llevamos mucho tiempo sufriendo por culpa de los dioses. Ya ha sonado vuestra hora. Esta es mi pequeña venganza.

Sólo el estar en una misión sagrada impide a Thor hacer uso de su martillo. Y bien que lo debe de saber aquella giganta para mostrarse tan insolente. Claro que, si Thor supiera que no es sino Loki disfrazado...

Pero por esa única lágrima que no se derramó por Balder, éste permanece en el Hel.

Los dioses descubren rápidamente el nuevo engaño y preparan la venganza definitiva.

Como la inteligencia de Loki corre pareja a su maldad, decide perderse en algún lugar que no sea fácil de encontrar. En el Midgard, se interna en un oscuro bosque y, al llegar a un río, se transforma en salmón. De esta forma, remonta la corriente hasta llegar a la cascada Franang, que le parece un lugar lo suficientemente seguro como para descansar durante un tiempo. Allí permanece como un pez durante el día, por si acaso sobrevuelan los cuervos de Odín, mientras que, de noche, con su forma habitual, duerme en una caverna que hay tras la cortina de agua. Ese refugio dispone de varias aberturas, por si llega el día en que tenga que escapar a toda prisa.

Un día, ese lugar parece estremecerse. Y, de pronto, surgen de la nada Thor, Heimdal y Kvasir. Loki salta inmediatamente mientras se

Otra manera de representar a Thor. Su símbolo, el martillo, era llevado como amuleto, incluso en los tiempos cristianos, cuando los artesanos aprovechaban los moldes para hacer al mismo tiempo martillos de Thor y cruces de Cristo.
(Vikinglandet, Oslo, Noruega).

transforma en salmón y permanece quieto y escondido entre las rocas del fondo.

Heimdal, con su excelente vista, lo localiza bajo el agua. Loki piensa que su única alternativa es remontar la catarata; un buen salto, llegar hasta la parte superior y escapar definitivamente. Una vez allí, ya vería cómo deshacerse de ellos; inventiva y dotes de improvisación es lo único que no le ha faltado nunca.

Y así lo hace. Pero, cuando ya está a punto de franquear aquella pared de agua, la mano de Thor lo agarra por la cola con tanta fuerza que, de haber sido un salmón normal, hubiera quedado reducida a pulpa.

Una vez que ve la imposibilidad de liberarse de aquel puño, Loki decide volver a su forma habitual. Ríe como un niño cogido en falta. Piensa que, tal vez prometiendo encontrar algún tesoro o resolver el problema que alguno de ellos tuviese en esos momentos, les disuadiría. Eso siempre le ha funcionado, y sus soluciones siempre han apaciguado las iras provocadas por sus travesuras.

Pero estos tres dioses no quieren escuchar ni la más mínima artimaña de Loki. Apresado aún por el fuerte puño de Thor, es llevado a una caverna bajo las aguas del lago Amsvartni, donde había sido encerrado hacía tiempo el lobo Fenris que, a partir de ahora, contará con la compañía de su progenitor.

Ignorando los terribles aullidos de la bestia, los dioses tienden a Loki sobre tres piedras puntiagudas, de modo que queda sujeto por los hombros, los riñones y las corvas. Las manos y los pies son atados con los trozos de la cadena especial hecha por los enanos que habían sobrado de cuando consiguieron aprisionar a Fenris.

Loki intenta zafarse de sus ligaduras, pero cada vez que se mueve las piedras se le clavan en la carne. Aún así, a los dioses les parece poco tormento comparado con todo el mal que ha causado, por eso Kvasir sale de la gruta y al poco regresa con una enorme serpiente venenosa; entre los tres la sujetan de modo que el veneno caiga sobre la cara de Loki. Los alaridos de éste al recibir las primeras gotas, ardientes y corrosivas, les llenan de satisfacción.

Los dioses se van, pero pronto Loki tiene más compañía. La giganta Angerboda, aquella con la que concibió los seres más terribles del *universo, entra en la caverna para llevar comida a su hijo Fenris, y se encuentra con aquel al que todavía amaba.*

La batalla final

ODÍN OBSERVA UNA VEZ MÁS las inequívocas señales desde su trono, en el *Valaskialf*, su residencia del *Asgard*. *Las cosas se suceden tal como en su tiempo le predijo una volva. Recuerda una vez más aquellas terribles palabras dichas en trance: "Vendrá el invierno que llaman Fimbulvetr. Entonces, caerá nieve en todas las direcciones, las heladas serán grandes y los vientos gélidos. El sol no saldrá. Tres inviernos se sucederán, sin ningún verano en medio. Pero antes vendrán otros tres inviernos en los que sucederán las guerras en todos los mundos; entonces se matarán entre hermanos por avaricia y no respetarán al padre y al hijo ni las matanzas ni el incesto".*

Y, efectivamente, todos los mundos están envueltos en guerras terribles, provocadas por un sinsentido mayor al habitual. Y ya han transcurrido tres inviernos sin que el sol sea visto.

Y Odín, el Altísimo, se siente una vez más abrumado por el peso de los nueve mundos sobre los que es responsable. Todo había comenzado con la Edad de Oro, y ahora llegaba la Edad del Hacha. Todos sus intentos por evitarla habían resultado vanos, como si su alta posición en el Asgard y, por lo tanto, su influencia en el destino de los mundos, apenas hubiese sido una imagen ilusoria que proyectara un haz de sol entre la niebla matinal.

Cada vez que hacía algo por exorcizar ese final, los acontecimientos se precipitaban de modo que las cosas terminaban aún peor. Una vez más echó de menos los consejos de Loki, su medio hermano. Pero esta vez ya era del todo imposible.

Echa un último vistazo por los mundos: los gigantes, desesperados por su inevitable extinción, se agrupan armados en el Jotunheim, invocando el furor de la batalla contra quienes consideran culpables de su condición. Los enanos y los elfos, sabiendo o intuyendo lo que ocurría, corren de un lugar a otro, como si así pudiesen rehuir el destino que ya les alcanza, implacable e ineludible. En el Midgard, el intenso frío se mezcla con terremotos e inundaciones, y la hambruna hace aflorar el odio y la avaricia. Padres y hermanos se matan entre sí; la sangre cubre la nieve y en numerosos lugares se llega al canibalismo para sobrevivir. Sólo en el Hel reina cierta alegría, ya que todo hace pensar que al fin se verán libres de aquella cárcel de abatimiento y melancolía. Pero lo peor para Odín es ver cómo las Nornas dejan de tejer el destino; su trabajo ya ha terminado.

Mientras tanto, la giganta Angerboda regresa a la cueva con varios gigantes conocedores de viejos conjuros rúnicos que consiguen romper las ataduras. Una vez libre, aunque con la cara deformada por el veneno y el sufrimiento, Loki lanza un descomunal aullido que atraviesa los Nueve Mundos y hasta resquebraja el tronco de Yggdrasil. Los gigantes, al oírlo, gritan a su vez de satisfacción. La hora, tan largamente esperada, al fin ha sonado. Y todos se ponen en marcha.

Angerboda también se encarga de soltar a los lobos Skoll y Hati sobre la Tierra para que se alimenten con todos los hombres que se crucen en su camino hasta hacerse suficientemente fuertes como para atacar al Sol y la Luna que, desde sus carros celestes, rigen el Tiempo.

La serpiente Jormungand se remueve con furia sobre el fondo del océano, provocando olas altas como montañas, que llevan al Barco de la Muerte, hecho con las uñas de los pobladores del Hel, a las puertas del Asgard. En él van Loki y Fenris, aullando ambos por igual, que se dirigen hacia el ejército de gigantes que ya están destrozando con su peso el puente Bifrost.

Convocados por el cuerno de Heimdal, los dioses, junto a las valkirias y los einherjar, corren hacia los campos de Vigrid y se agrupan frente a las hordas de gigantes. También han llegando los patéticos cuerpos de quienes habían permanecido hasta entonces en el Hel, desprovistos ya de cualquier condición humana, gritando y corriendo en la dirección que les marca Hela y con los rostros marcados por la rabia de no haber sabido superar la prueba que les pusieron sus creadores, justamente aquellos que ahora tienen enfrente.

Odín destaca entre todos los suyos, montando a Sleipnir, con su yelmo de oro alado y su capa azul. Cuando ve llegar a Loki, su hermano de sangre, se pone rojo de ira y escupe su nombre. Pero en aquella cara transformada por el corrosivo veneno ve también el rostro de Ymir, aquel gigante que matasen él y sus hermanos, y con cuyos despojos formarían los cielos, las montañas y los mares del nuevo mundo. Los dioses, a pesar de ser descendientes de los gigantes, los habían desterrado al Jotunheim, como si fueran proscritos de un universo que les perteneció.

Para esos seres ha llegado la hora de la venganza. Una venganza urdida sutilmente a lo largo de milenios de odio retenido, con la paciencia y minuciosidad de quienes planifican sin prisas un camino seguro con un final conocido. Loki ha sido un elemento creado a conciencia, un infiltrado perfecto que sirvió para hacer que la vida de los dioses se degradase definitivamente y para provocar ese crucial punto de no retorno que supuso la muerte de Balder, la gran esperanza de renovación del envejecido Asgard. Pero el tiempo de las máscaras y los disimulos ya ha pasado. El juego ha quedado al descubierto y las últimas palabras pronunciadas.

A una señal de Odín, Heimdal hace que de su cuerno surjan, por primera y última vez, las notas para las que realmente fue creado. El sonido, pesado y tenebroso, provoca en todos los dioses el furor de la batalla; lo mismo ocurre con los einherjar, que al fin encontraron el sentido final de su segunda vida.

Los gritos de guerra y el entrechocar de las armas entre sí o contra los escudos retumban por el Vigrid hasta resultar inaudibles; la masa de ruido queda como un murmullo de fondo ante el que se despliegan los más fieros instintos de cada ser puesto sobre aquel tablero de guerra final.

A partir de ese momento, cada bando corre hacia el otro y ya no hay más consideración que la entrega absoluta a la destrucción y la muerte. Ojos desorbitados y centelleo de armas, crujidos y alaridos mezclados con sudor y sangre; eso es todo lo que un guerrero necesita sentir en sus proximidades para elevarse por encima del sentimiento de agonía que, por otro lado, impulsa a abandonar la batalla. Todos son conscientes de que esta es la última de todas. Este es un enfrentamiento de enemigos eternos. Pesadas hachas reducen carne y huesos de gigantes a sanguinolentos fragmentos esparcidos por doquier, mientras que sus poderosas mazas de piedra machacan las cabezas de los einherjar. Las valkirias deben tener que combatir desde el suelo, ya que sus monturas aladas son presa fácil de las flechas enemigas.

Odín, manchado con sangre propia y ajena, es uno de los primeros dioses en caer. Cuando Thor ve que su padre está siendo devorado por Fenris, tal como predijeron en su día las Nornas, intenta acudir en *su ayuda, pero se interpone en su camino la serpiente Jormungand. Los fuertes martillazos de Mjolnir apenas le producen algo más que molestias. Thor intenta esquivar los escupitajos de su veneno, hasta que uno de ellos le alcanza en la cara, justo al mismo tiempo que él hunde con su martillo el cráneo de la bestia. Tras una corta agonía, ambos mueren al unísono. Algo similar ocurre con Tyr, enfrentado a Garm, el perro de Hela, y con Heimdal y Loki, como si cada uno de ellos acabase en manos de un elemento complementario.*

Mientras tanto, el dragón Nidhogg sobrevuela una y otra vez el sanguinolento campo de batalla, devorando a todos los que ya han caído, o a aquellos que, mutilados o con las entrañas colgando, vagan de un lado a otro, con la expresión delirante, como si realmente se encontrasen lejos de aquel lugar de terror, y sin que un arma amiga o enemiga tenga la bondad de hacerlos caer fulminados sobre la hierba.

Finalmente, cuando la declinante luz se une al centelleo de las últimas armas chocando entre sí y al agotamiento de los pocos supervivientes, llega el gigante Surt, el ser vivo más antiguo del universo y el único con derecho a destruirlo. Alzando su imponente figura por encima de muertos y vivos, agita su espada haciendo que desprenda inmensas llamaradas, tal como ocurriese en el abismo primordial que dio origen al universo.

Las llamas se extienden por todo el campo de batalla en un estrépito que se impone a los postreros gritos de victoria o agonía. La propia fuerza del fuego provoca corrientes de aire que extienden la negra humareda a lo largo y ancho del Asgard, logrando una noche anticipada. Los distintos palacios pronto quedan reducidos a cenizas, como si todos los robustos y maravillosos materiales con que fueron constrni-

dos sólo hubiesen sido poco más que una ilusión carente ya de sentido, pues no queda nadie que la mantenga. La gran fortaleza del Valhalla, aquel reducto de hombres valientes, reclutados justamente para combatir en aquella batalla final, se desmorona como un castillo de arena frente a un vendaval. Finalmente, el fuego llega hasta Ygdrassil que, a través de sus ramas, lo transmite a los Nueve Mundos, donde todos corren de un lugar a otro, tratando de encontrar un refugio contra aquel terror que se introduce por todas partes como una plaga ante la que no hay opción de defensa.

Y, mientras todos los mundos se reducen a cenizas, un mar hirviente se alza violentamente hasta dejarlo todo sepultado bajo sus aguas. La Oscuridad reina sobre la Muerte, como si la Vida nunca hubiese existido. Pero, tal como creían muchos pueblos en la Antigüedad, la muerte no es sino el anticipo de la nueva vida.

Un nuevo comienzo

EL BINOMIO BALDER-LOKI viene a ser la eterna lucha entre la luz y la oscuridad, el orden y el caos, el bien y el mal, la verdad y la apariencia. La guerra ha terminado y las fuerzas caóticas han acabado con todo cuanto crearon sus enemigos, los dioses. Pero, tras un tiempo indeterminado, surge una nueva oportunidad. De Sol (no olvidemos que era una entidad femenina), nació una hija, que sobreviviría a la gran matanza y tomaría las riendas del carro solar, cuyo calor haría que, poco a poco, surgiese la escasa vida que había quedado en suspensión.

Un día, el chamuscado Ygdrassil hace crujir sus ramas. Y aquel estremecimiento recorre el espacio de espesas aguas estancadas. Un nuevo sol y una nueva luna se alzan sobre un nuevo mundo similar al

Midgard que antes había albergado a los humanos. Vuelven los ciclos de mareas y de nubes hasta que las aguas dejan al descubierto montañas y valles, que pronto reverdecen.

El tronco del Ygdrassil se abre dejando salir a Vali y Vidar, hermano e hijo de Odín, y Magni y Modi, hijos de Thor, y a Balder y Hodur, reconciliados. Todos ellos se dirigen al Idavellir, lugar similar al que antes ocupase el Asgard, donde rinden honores a los dioses y héroes caídos durante el Ragnarok.

Mientras recuperan recuerdos y planifican el futuro, el tronco del Ygdrassil vuelve a abrirse para dejar salir de su interior a una pareja humana superviviente: Lif y Leifthrasir. Ellos darán origen a la nueva humanidad en el nuevo Midgard. *Entonces se encontrarán las maravillosas tablas de oro que en los tiempos de antaño poseyeron los pueblos.*

El «fin de los tiempos» resulta ser el fin de un período al que sucede otro que será como un hijo que arrastra la información genética de su antecesor, pero que también nace con la firme voluntad de hacer que las cosas vayan mejor. Y cada uno de estos ciclos temporales es como un respiro para pretender apartar a las fuerzas caóticas que intentan deshacer todo lo creado, divino o humano.

Y, siendo poseedores de ese conocimiento, todo hace pensar que ese nuevo mundo será un lugar perfecto. Allí la justicia y la bondad prosperarán hasta el punto de que serán consideradas propiedades naturales que tiene cualquier ser vivo. Pero el nuevo mundo también nace con la semilla de su propio e inexorable final, del mismo modo que la celebración por la llegada del verano ya prevé el lento comienzo del próximo invierno.

Por eso, sobre la cima de la montaña más alta surge una fortaleza llamada Naastrad. El interior está hecho con cuerpos de serpientes entrelazadas de modo que sus cabezas cuelgan hacia el centro. Su veneno forma pegajosos ríos que recorren unas siniestras estancias donde se aguarda a quienes, tras la muerte, merezcan tal tormento. Y, sin duda, pronto los habrá, porque así es el juego de la vida.

Pero, mientras tanto, hay un nuevo mundo que recrear.

¿Profecía o recuerdo?

ESTA ES LA HISTORIA DEL *RAGNAROK*. ¿Profecía o recuerdo de una civilización anterior, tamizada por el filtro y punto de vista de la cultura vikinga? Mucho se ha especulado con la existencia de grandes civilizaciones de tiempos remotos pobladas por seres poderosos: la Atlántida y Lemuria se llevan la palma en cuanto a estudios más o menos serios, pero no faltan otros sobre la mítica Thule o Hyperborea que, por ciertas analogías, podrían estar relacionadas con el antiguo mundo nórdico. ¿Era toda aquella mitología un mero invento o tal vez un recuerdo de la vida en otra era, un tiempo similar a la Edad de Oro de otras culturas, donde los humanos convivían con unos seres a los que llamaban dioses, unas veces benevolentes y otras terribles, unas veces instructores y otras destructivos? ¿Sería el *Ragnarok* un período de esos en que se producen los grandes cataclismos planetarios, como la inversión de los polos, alguna alteración en la órbita planetaria o la desviación del eje magnético, con las consecuentes alteraciones físicas, emocionales y espirituales, que son la antesala de un nuevo mundo donde todo tiene que empezar otra vez?

En cualquier caso, el mensaje encapsulado en esta leyenda, como en tantas otras, es válido para todo tiempo y cultura: las acciones, los pensamientos, las decisiones, sobre todo las de los seres más poderosos, configuran el futuro, un futuro que construyen todos día a día y que a todos afectará.

Cuando Odín intuye el *Ragnarok* ya es demasiado tarde para impedir la avalancha que se avecina. Crea el Valhalla, pero esto es más un símbolo que una realidad eficaz, ya que los *einherjar* poco podrán contra las hordas de gigantes y monstruos, armadas principalmente de odio milenario (seguramente el arma más destructiva) hacia quienes, en tiempos remotos, los expulsaron de su territorio para construir un universo habitable. Pero, de alguna manera, Odín ha hecho a los humanos, representados en los *einherjar,* partícipes de los asuntos sobrenaturales; les ha otorgado cierta cualidad divina, tal vez con vistas a la etapa siguiente del mundo, donde podrían tener mayor poder de decisión sobre su futuro, en vez de dejarse arrastrar por las corrientes trazadas desde otros ámbitos.

También hay quienes ven bajo la estructura del *Ragnarok* un método chamánico de liberación espiritual, en el que los distintos seres involucrados (principalmente dioses y gigantes) simbolizan fuerzas internas y arquetípicas de cada persona; al entrar en conflicto unas con otras, algunas mueren y otras sobreviven, formando así la nueva personalidad tras la destrucción de la anterior y todos sus lastres. La persona (el espíritu) renace en un nivel superior de evolución.

Resulta significativo que en el lado opuesto del Valhalla se encontrara el Hel, lugar donde iban a parar aquellos que no habían cumplido las expectativas que los dioses pusieron en ellos y que, por lo tanto, tras su muerte, tenían que limitarse a esperar allí la llegada del fin de los tiempos. Su posibilidad de evolución es más que dudosa, ya que no asumieron sus correspondientes responsabilidades en el tiempo que les tocó vivir.

3.ª
Parte

Anexos

OTRAS CREENCIAS

Templos y espacios sagrados

LOS TEMPLOS VIKINGOS RECIBÍAN LOS NOMBRES de *godhaus* (casa de dios) y *blothaus* (casa de sacrificios), aunque también con ellos está relacionada la palabra *hof,* que posiblemente fuese un salón específico donde celebrar las grandes fiestas en cada región, para uso de quienes viviesen por los alrededores. Este término ha permanecido en la toponimia de muchos lugares de la Escandinavia actual.

El interés por los vikingos ha crecido en todo el mundo, siendo ahora numerosos los museos, mercados o festivales dedicados a ellos. (Festival Vikingo de Jorvik. York, Reino Unido).

Parece ser que los vikingos no tuvieron muchos templos. El más famoso fue el de Uppsala, en Suecia. Una figura como esta podría haber estado presente en una zona consagrada para ceremonias religiosas. (Hafnarfjordur, Islandia).

Donde no había templos, realizaban las ceremonias en espacios sagrados naturales, que recibían el nombre de *vé*, y podían ser un lugar determinado de un bosque, en el que habría un árbol, un manantial o una roca a los que se atribuyese alguna cualidad relacionada con las fuerzas intangibles que propiciaban el contacto con los dioses; en unos versos de la Saga de Hervor se hace referencia a un «bosque sagrado» y una «piedra famosa». Otro término para estos territorios de culto era *horg,* que venían a ser círculos de piedra con un altar de sacrificios en el centro.

Posiblemente, en uno de estos lugares, además de las ceremonias habituales, se realizara un ritual llamado *utisetor* (literalmente, «sentarse afuera»), que más o menos era una especie de noche de vigilia a la intemperie, seguramente mirando hacia el norte y tras haber hecho un círculo protector, con el fin de conseguir una visión ajena al mundo material.

En un espacio sagrado (las *thing* o asambleas también lo eran) estaba prohibido el uso de armas, y la violación de esta norma estaba penada con el destierro; dura pena esta, que convertía al condenado en un *utlaginn* o forajido, ya que no podía acogerse a ninguna ley que le protegiera a partir de entonces. El destierro, que podía ser de tres años o indefinido, era la peor sentencia que podían dictar los jueces, convirtiendo a esa persona en un individuo aislado, alejado del grupo humano y, por lo tanto, cercano a la condición de bestia. Si no se iba de la región, podía ser matado por cualquiera sin que incurriera en delito alguno. Aunque también hubo un célebre vikingo, Erik *el Rojo*, que aprovechó su exilio de tres años para descubrir y comenzar la colonización de una nueva tierra, Groenlandia.

El origen mítico de las runas

El Havamal describe en unos de sus versos cómo Odín consiguió el secreto de las runas, en un estado cercano a la muerte: *Colgué del árbol azotado por los vientos, cuyas raíces desconocen los sabios; atravesado por la lanza, durante nueve largas noches, me ofrezco a Odín; yo ofrecido a mí mismo. No me dieron pan ni cuerno para beber; contemplé las profundidades: gritando con fuerte voz tomé las runas y luego, al fin, caí.*

Así vemos que Odín, sólo mediante este extraño ritual de auto sacrificio (*yo ofrecido a mí mismo*), herido y colgado en el

Piedra con runas coloreadas tal como lo estuvieron en su tiempo. Hubo varios dialectos rúnicos, según fue transformándose este lenguaje escrito a través de las generaciones, adaptándose a los modos peculiares de pronunciación de cada región. (Museo Nacional, Copenhague, Dinamarca).

fresno Yggdrasil (que venía a ser la imagen chamánica del Árbol de la Vida), durante nueve días y nueve noches (que debían de suponer la duración de los rituales místicos dedicados a este dios) consiguió «renacer» con el conocimiento rúnico.

Este conocimiento sería entregado a los hombres, aunque es de suponer que en versión reducida, por si acaso. Un maestro de runas profesional, al que también podría considerarse como un mago, recibía el nombre de *vitki* (plural, *vitkar*) —palabra con la misma raíz que *wizard, wicca, wicche* o tantas otras que vienen a significar sabio, el que ve, profeta, etc.—, y a él acudía la gente para hacer consultas adivinatorias, para que les fabricase un talismán o para hacer o deshacer hechizos. También para grabar runas en los *bracteate* o medallones, a modo de amuletos, o en sus espadas, especialmente la que representaba a Tyr, dios de la guerra, a veces acompañada por un conjuro rúnico que aumentaría su eficacia en el combate.

Runas mágicas

LA INSEGURIDAD ANTE EL PELIGRO que acechaba por todas partes hacía preciso un elemento mágico en el que confiar, al igual que sucede hoy en día con todo tipo de amuletos u objetos de buena suerte que muchos llevan ocultos bajo la ropa o a la vista. Por eso, algunas runas eran especialmente usadas por los vikingos como talismanes de protección; se grababan en joyas, trozos de hueso o armas que llevaban guerreros o comerciantes, o a la entrada de la casa o en la roda del barco.

También se hacían combinaciones, mezclando distintas runas que se complementasen entre sí para una determinada finalidad, como ocurría con las *hugrunir* o runas asociadas con la memoria y la locuacidad, que se dibujaban en las *things* o asambleas. Los *vitkis* también llevaban estas *hugrunir* tatuadas en el pecho y otras llamadas *sigrunir* en todas sus pertenencias. Las runas *lime* eran usadas para ciertas enfermedades, y las *biarg* para facilitar los partos. Las runas *ale* hacían sus funciones como deshacedoras de hechizos femeninos, y las *brun* como protectoras de los navegantes. Algunas combinaciones se escribían de derecha a izquierda, con lo que se conseguían desatar los aspectos negativos de las mismas. Las runas *troll,* consistentes en secuencias de

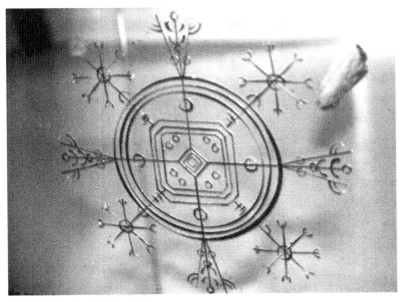

Tanto por lo que cuentan las sagas como por lo que se ha encontrado en las excavaciones, podemos asegurar que la magia, en distintas vertientes, era un elemento habitual en la vida vikinga. En la imagen, una de la ruedas de protección usada por los brujos nórdicos. (Exposición sobre brujería en Holmavik, Islandia).

tres runas *thurisaz,* al parecer se usaban para acceder a la comunicación con otro tipo de seres. También estaban las curiosas *fretrunir* o «runas pedo», que se dibujaban en cantidad de treinta con sangre sobre una piel, con la finalidad de provocar malestares físicos a alguien.

Complementarias a las runas eran las «ruedas de protección» o conjuros rúnicos con dibujos y formas simétricas, que podían ir dibujadas sobre la ropa o grabadas en las puertas de las casas. La mayoría de ellas tenía una función protectora, como los *verndarrun* (un anillo central del que parten cuatro ejes que terminan en sendas horquillas), cuya variante más conocida es el *aegishjalmur*, que servía tanto para proteger las propiedades como para desviar cualquier infortunio y propiciar la buena suerte. También podía tomar la energía negativa que le llegaba a alguien desde el exterior y devolverla a quien la originó. Otro símbolo mágico era el *thundur*, que recogió en su libro Jon Arnason, primer recopilador de leyendas y cuentos populares de Islandia, o el *valnott*, un triple triángulo que suele identificarse con Odín.

Y, yendo un poco más lejos, las runas y códigos rúnicos *svart*, que eran usadas con fines necrománticos; algunas de ellas se grababan en la cara interna de las losas de las tumbas, esperando que su poder intrínseco actuase secretamente. En alguna de estas se llega a especificar que *ni la piedra ni las runas han sido nunca expuestas a la luz del sol*.

Algunas runas encontradas en piedras o en objetos personales, y no usadas como lenguaje, aún no han podido ser interpretadas, ya que no son parte de ninguno de los alfabetos rúnicos conocidos. En 1824, el oficial de marina danés Graah, realizando una misión cartográfica por Groenlandia, encontró a un esquimal que le mostró unos restos nórdicos, fechados posteriormente en 1333. Consistía en tres montones de piedras con inscripciones rúnicas. En una de ellas, llamada la Piedra de Kingiqtorsoaq, se citan tres nombres y apellidos, junto al día *(sábado antes del día de la rogativa)* en que levantaron aquellos montones de piedras. Al final, hay 6 runas de formas desconocidas, como si perteneciesen a un lenguaje secreto que no ha podido ser descifrado. La colocación de los montones en forma de triángulo equilátero, el mensaje codificado y el lugar, muy alejado de las zonas habitadas de Groenlandia, con el añadido de una fecha primaveral en que difícilmente podrían haber llegado hasta allí por medios naturales, están sin duda relacionados con algún hecho insólito.

Fantasmas

En la *Saga de Egil Skallagrimsson*, una de las más populares sagas islandesas, se citan las costumbres que se seguían antes de enterrar a un muerto de manera que no molestase después a la familia: primero se le hacían al difunto los *primeros ritos,* consistentes en cortarle el pelo y las uñas. Después se rompía una pared, por donde sacaban el cadáver. Según las creencias, un fantasma sólo podía volver a la casa por el mismo lugar por donde había salido; así, al tapiar después el agujero, no tendría posibilidad de acceder al interior.

En caso de que no se hubiese hecho así y el difunto regresara, había que realizar un ritual preciso que tiene mucho que ver con la parafernalia antivampírica, debiendo cortársele la cabeza, a ser posible con alguna de las armas con que se le enterró; en algunas ocasiones se cita también la necesidad de clavarle una estaca en el pecho o ponerlo boca abajo. Y se llegaba a quemar el cuerpo y echar las cenizas al mar.

También se escribían en palíndromos algunas tumbas, tal vez con la intención de entretener al posible fantasma que de ella surgiese que, supuestamente, se pasaría el tiempo intentando descifrar una palabra que no tenía ni principio ni fin, al modo de la ornamentación a base de nudos y seres entrelazados del arte vikingo (también del celta).

Existían varios tipos de fantasmas que recibían diversas denominaciones según su comportamiento. Por un lado estaban los *haugbui,* que aparecen sobre todo en las sagas ambientadas en Noruega. Estos remoloneaban alrededor de su tumba y atacaban a quienes se acercaban a lo que consideraban sus dominios. Los *draugr,* en cambio, podían moverse libremente y, según cuenta la saga de Eyrbyggja, eran muy fuertes, capaces de romper cada hueso de un hombre; se aparecían sobre todo en otoño e invierno, justo cuando el mundo nórdico se envolvía en la oscuridad, aunque en otros momentos eran capaces de generar una niebla que atenuaba la luz, al mismo tiempo que anunciaba su presencia, para que así se les evitase. Por su parte, los *genganger* regresaban para llevar un mensaje importante a sus familiares, mientras que los *gast* permanecían en bosques o caminos. También había fantasmas femeninos, *skotta,* o masculinos, *mori.* Los *ellerkonge* presagiaban el tipo de muerte que tendría quien les viese, y los *illes* podían asfixiar a un durmiente. Los *fylgidraugar* eran los espíritus de niños abandonados, que atormentaban a sus familiares. Los *rati* eran los espíritus de quienes habían muerto mientras contemplaban la Cacería Salvaje de Odín, siendo incluidos en tan tétrica comitiva.

Otros espectros femeninos eran las *maras,* que de día llevaban una vida normal para convertirse de noche en pequeños seres que se subían al pecho de las personas que dormían, provocándoles pesadillas. Justamente, de ellas deriva la palabra inglesa *nightmare* o la francesa *cauche-mar* («pesadilla» en ambos casos). Aunque los más peligrosos eran los *utburdir* o los *volga.* Los primeros eran espectros de bebés que regresaban para atormentar a sus madres. Los *volga* o «enviados» eran seres espectrales formados por un mago negro a partir del hueso de un difunto; el mago podía *enviarlo* a realizar cualquier maldad. La persona atacada podía librarse sólo si lo llamaba por el nombre del difunto de cuyo hueso se originó.

También se dice que hubo en Islandia un fantasma cristiano, llamado Asolfur, que se aparecía en sueños a la gente para pedirle que exhumaran sus huesos para enterrarlos en una iglesia, cosa que se hizo, convirtiéndose el templo en lugar de peregrinaje.

Espíritus ancestrales

LOS *ÁLFAR* ERAN LOS ANCESTROS de una familia cuya alma, o parte de ella, permanecía en los túmulos o en algún lugar de la tierra familiar, y velaban por la prosperidad de los suyos. Se les rendía tributo especialmente en las fiestas anteriores al solsticio del invierno, como un antecedente de nuestra noche de los difuntos.

Si los *álfar* eran entidades masculinas, las *disir* eran femeninas, aunque sus atribuciones se extendían hasta proteger a toda

Existe una leyenda acerca del rey Harald *Dienteazul* de Dinamarca, que mandó a un brujo a Islandia con el fin de observar las condiciones de una posible invasión, pero se encontró con que los *landvaettir* estaban dispuestos a defenderse. Estos espíritus tenían las formas de un dragón, un águila, un toro y un gigante, cada uno en un punto cardinal. El brujo informó que la invasión sería imposible. Y desde entonces los cuatro figuran en su escudo (Emblema de Islandia).

una tribu o clan, que consideraban a su *dís* como la madre ancestral. La diosa Freya era la jefa de estos espíritus femeninos; se les homenajeaba en el otoño y en la llamada Noche Madre, dentro de la fiesta de *jol*. En algunas sagas se les cita como grupo de mujeres, hasta nueve, que se dejan ver por algunos personajes justo antes de su muerte, a veces previniéndolos, a veces intentando defenderlos de sus enemigos. Se supone que también se dejaban ver en el momento del nacimiento.

Landvaettir

Los *landvaettir* eran los espíritus protectores de una determinada región. Las cabezas de dragones en las proas de los barcos servirían para ofenderlos o asustarlos por lo que, cuando los vikingos iban en son de paz, se cuidaban de quitarlos al aproximarse a la costa. En Islandia, una de las primeras leyes promulgadas por el *Althing* fue prohibir que llegasen a la isla barcos con la cabeza de dragón en la proa. En Noruega había unos *landvaettir* especiales para los fiordos y las cascadas, llamados *fossegrim*.

También había espíritus caseros, a veces representados por una piedra, una talla de madera u otro objeto, a los que se les ofrecían regalos para que mantuviesen el bienestar en el hogar que les acogía. En Islandia, los *armadr* protegían el ganado y las propiedades de la granja. Por otra parte, tanto los carros como los trineos tenían en sus cuatro extremos unas cabezas que representaban a los espíritus que protegerían a su propietario en las cuatro direcciones de su travesía.

En los bosques suecos había unos seres femeninos llamados *skogsra* que se dedicaban a seducir a los cazadores y carboneros. Los manantiales y los ríos estaban habitados por los *neks* y las *havfruen* o sirenas. El lado más simpático lo representaban los *vardogls,* también llamados *thussers,* a los que les encantaba la música y el baile, aunque paraban y se escondían al notar la presencia humana.

En Noruega, además de los populares *trolls,* estaban los *nisser,* que protegían las granjas y hasta llegaban a pelearse con otros seres intrusos. Unas veces se mostraban muy vengativos con los dueños de la granja por alguna ofensa recibida, mientras que otras, cuando se sentían especialmente agradecidos, peinaban las crines de los caballos. Por su parte, las *huldre* eran hembras que a veces entraban en el mundo de los humanos con el fin de agenciarse un hombre sin importar su estado civil; aún hoy a las que en otras latitudes se denomina *femme fatale,* vampiresas, robamaridos o lindezas por el estilo, en Noruega se les sigue llamando *huldre.*

La protección de los dioses

LA BUENA SUERTE PERSONAL, llamada *hamingja,* también era un elemento fundamental en la vida de los vikingos, aunque sobre todo era esencial en un líder, ya fuese el jefe de una expedición de saqueo o el rey de un país, pues esta facultad hacía que los demás le siguiesen sin vacilación. Pero, cuando este líder la perdía, automáticamente se quedaba también sin la confianza de los suyos. En los tiempos en que los reyes eran elegidos entre los mejores guerreros, más de uno acabó sus días a mano de sus ex-seguidores al perder su *hamingja* y, por lo tanto, la protección de los dioses.

El ser humano

Como partes del ser humano, al margen de su forma física *(lich),* estaban el *hyge,* parte racional de la mente, donde residen la intencionalidad y la responsabilidad; el *asmegin* era el poder espiritual de una persona; el *minni,* la parte que controla la memoria y la intuición. El *mod* era el conjunto de cualidades que daba carácter a una persona, como el valor, la honestidad, la perseverancia, etc. El *hama* podría ser el aura o una especie de campo energético que rodea el cuerpo y que sirve de enlace entre el mundo espiritual y el físico. El *myn* recogía la información mandada por los sentidos. El *fetch* era un espíritu guardián o animal totémico que protegía tanto de un individuo como de una familia. El *odr* era la parte que entra en contacto con la divinidad; sería lo que hoy llamamos inspiración o creatividad, aunque en los tiempos vikingos se aplicaba tanto al ingenio de los *skalds* como a la furia de los *berserkers;* al fin y al cabo, Odín era el dios de ambos. El *adem* sería una manifestación del *odr* en forma de energía a través del aliento. La *fylgia* podría ser una especie de doble espiritual similar a lo que hoy se llama «cuerpo astral» o la parte que abandona el cuerpo dormido. A veces, se cita con este nombre a un ente femenino cuya visión indica la cercana muerte; otras veces tiene la forma de un animal, anunciando con su presencia el próximo nacimiento de un personaje singular. El *orirfyrir* era una cualidad que permitía la sintonización necesaria para la telepatía o para predecir el futuro.

Los postes de agravio

En la *Saga de Egil Skallagrimsson*, el protagonista, versado en el arte de las runas, además de buen guerrero y poeta, es capaz de anular venenos, curar a la gente o deshacer un conjuro rúnico hecho por un aficionado ignorante, que había provocado justamente lo contrario de lo que pretendía: el amor de una mujer. Aunque su acto rúnico más importante fue levantar un poste de agravio *(nidhstong)* contra Erik *Hachasangrienta*, el rey de Noruega. Para este curioso proceso, tomó una rama de avellano y fue a un promontorio rocoso que había en la costa; tomó después la cabeza de un caballo y la sujetó encima del palo. Luego dijo su conjuro: *Planto aquí un poste de agravio y dirijo el insulto al rey Erik y a la reina Gunnhild. Dirijo el insulto a los landvaettir que habitan estas tierras, para que vaguen perdidos hasta que expulsen del país al rey Erik y a Gunnhild.* En el capítulo siguiente de la saga, Erik y su esposa Gunnhild ya están exiliados en Inglaterra.

Seidr, la magia femenina

De igual manera que cualquier jefe de una casa podía oficiar los sacrificios a modo de sacerdote, a las mujeres también se les podía considerar sacerdotisas de su propio hogar; de hecho, el telar que había en todas las casas, y que era parte del intransferible mundo femenino, estaba asociado con la buena suerte de la familia. Las mujeres nórdicas tenían rituales y oraciones o conjuros para casi todas las acciones de la vida.

Claro está que había otra magia más especializada, como el caso del *seidr,* que podría definirse como una forma de chamanismo femenino practicado en el norte europeo. La palabra viene de la raíz indoeuropea *sed-* y, al igual que el *sedere* del latín, el *seance* del francés, el *seanchai* irlandés o el *sittan* del sajón o inglés antiguo, tiene el sentido de *sentarse en comunión con los espíritus.*

La oficiante, llamada *seidkona,* acompañándose de un canto llamado *vardlokur* o *galdrakona* para entrar en trance, conseguía desarrollar facultades para la sanación física, mental y espiritual, la profecía o la canalización de los dioses y diosas a través de otra persona; también algunos de los actos considerados comúnmente como maléficos (y que seguramente para

Seidkona, según la descripción hecha en la *Saga de Erik el Rojo*. Las que se especializaban en los asuntos proféticos se llamaban *spakona* o *volva*, y las que interpretaban los sueños, *draumkonur*. Se sabe que había otros términos para denominar a estas mujeres, como *fjölkunnigrkona* o *hamhleypa*, aunque ahora es difícil delimitar su campo de acción. (Saga Museum, Reykjavik, Islandia).

ellas no poseían ningún tipo de significado moral), como provocar enfermedades, tormentas e incluso la muerte.

En la *Saga de Kormak* se cita a una *seidkona* que realiza el sacrificio de un ganso antes de iniciar una sesión mágica. En otros escritos se mencionan similares sacrificios con animales de pelo negro. En la *Saga de Orvar Odds* se cita a una *spakona* que es ayudada en su trance por un coro de 30 jóvenes de ambos sexos. En la *Saga de Erik el Rojo*, una tal Thorbjorg llega a una casa donde es instada a hacer una profecía sobre cuándo acabaría la mala racha por la que estaba pasando Groenlandia. La saga pormenoriza su atuendo, lo que nos da una idea de que tenía que ser muy significativo: capa azul atada con tiras de cuero y adornada con gemas, capucha negra de piel de cordero forrada con piel de gato blanco; de esta misma piel son sus guantes, y no puede faltar una bolsa que cuelgue de su cinturón con todos los elementos que necesita para desarrollar sus facultades. Para cenar le dan gachas con leche de cabra, que toma con una cuchara de latón, y un plato con corazones de las distintas clases de animales que hay en la granja, que come con un cuchillo de hoja rota con el mango de colmillo de morsa con dos anillos de cobre. Pero aún falta un elemento importante: alguna mujer de la granja que sepa recitar el *Vardlokur*. Finalmente, puede realizar la profecía sobre el final de la epidemia y del hambre que se habían desatado aquel invierno. Después, los asistentes acuden a ella de uno en uno, y para todos hay una respuesta. La saga asegura que *hubo pocas que no sucedieron tal como ella predijo*.

También se atribuía a la *seidkona* la facultad del *sjonhverfing*, para crear ilusiones en la mente de los hombres, haciéndoles ver cosas que no existían, como una sugestión hipnótica de amplio alcance. En la *Saga de Eyrbyggja*, una mujer llamada Katla salva a su hijo de unos hombres que querían matarlo haciendo que éstos vean otra cosa en lugar de a él. Eso funcionó en tres ocasiones, hasta que los hombres regresaron acompañados por otra *seidkona,* que puso de manifiesto el engaño.

El *seidr,* como hemos visto, era un concepto femenino, aunque hay indicios de que hubo hombres *(seidhmadr)* que lo practicaron; eso sí, transformándose, al menos temporalmente, en *argr,* afeminado. En cierta ocasión, el dios Loki acusó al mismísimo Odín de haber practicado *seidr* (que aprendió de Freya). La historia cuenta que Erik *Hachasangrienta* quemó vivo a su hermano Rangvald en su propia casa, junto a otros hombres, por orden del padre de ambos, el rey Harald de Noruega, por practicar *seidr*.

VIKINGOS EN LA PENÍNSULA IBÉRICA

AUNQUE PARECE QUE HUBO UNA LLEGADA "CASUAL" a las costas cántabras (posiblemente algún barco arrastrado por una tormenta), la primera expedición vikinga llegó a la península Ibérica en 844. Y debió de ser bastante nutrida, a juzgar por las bajas que fueron dejando a lo largo de la costa atlántica. Aquellos *lordemani*, como se les denomina en las crónicas de la época, asaltaron varios lugares de las costas de Asturias y Galicia, (para ellos, *Jakobsland*, Tierra de Santiago). Tras algunos saqueos e incendios, acabaron siendo repelidos por los hombres de rey Ramiro I.

Continuaron su viaje costero hacia el sur, ya en los dominios de Al-Ándalus. Lisboa, Cádiz y Algeciras fueron las siguientes en sufrir sus ataques, para continuar hasta la costa africana. De regreso, se internaron por el Guadalquivir hasta Sevilla, que fue saqueada durante una semana, destruídos sus muros e incendiada su mezquita.

Hasta que llegaron algunas tropas de Abderramán II desde Córdoba, capital del emirato omeya; el resto se encontraba en

Desde mediados del siglo IX las costas gallegas se vieron asaltadas por barcos vikingos, tal como ahora se rememora (mirando hacia atrás sin ira) en la Romería Vikinga de Catoira, localidad gallega hermanada con la danesa Fredrikssund, de donde pudieron partir antaño algunos de los asaltantes.

plena campaña veraniega contra los cristianos. Se producen los primeros enfrentamientos y las primeras bajas entre los vikingos (o *mayus,* paganos, como son llamados allí). Pero los *blamenn* (hombres azules, como ellos llamaban a los moros) se vieron reforzados por tropas de refresco, ocasionándoles una gran derrota. Las crónicas mulsumanas cuentan que en la batalla cayeron 500 *mayus* que fueron llevados ante las puertas de Sevilla para colgarlos delante de los correligionarios que allí permanecían.

Viendo el contingente de fuerzas con el que se enfrentaban, los vikingos tomaron sus barcos y continuaron río arriba para recoger a unos compañeros que estaban en el castillo de Azaguac. Después volvieron para irse definitivamente, pero al ser atacados desde las orillas, ofrecieron a los prisioneros que llevaban a cambio de comida, y así pudieron salir de allí.

Para no volver a su tierra con las manos vacías, hicieron una última incursión por el río Guadiana, aunque no se sabe hasta dónde llegaron. No debieron de regresar los supervivientes muy contentos de su encuentro armado con aquellos *blamenn*. Quedó la anécdota, registrada en textos musulmanes de la época, de que algunos de aquellos *mayus,* que debieron quedarse rezagados, se convirtieron al islamismo y se casaron, dedicándose a la cría del ganado y la elaboración de quesos, posiblemente el mismo trabajo que tenían el resto del año en su granja nórdica; desde la Isla Menor *abastecieron la región con los mejores quesos*.

Aquel encuentro entre dos culturas tan dispares hizo que Abderramán II decidiese amurallar Sevilla, crear una flota y entablar relaciones diplomáticas. Para esto último, el elegido fue Al-Gazal, un andalusí que ya había demostrado sus habilidades en Bizancio. El viaje duraría veinte meses, partiendo de Silves y regresando por Santiago de Compostela. Debido a las imprecisiones de la crónica que se escribió sobre dicho viaje, los historiadores no se ponen de acuerdo sobre si Al-Gazal llegó al reino del rey danés Horik o al de Thorgils, primer rey vikingo de Irlanda.

La segunda gran expedición vikinga debió de estar muy bien planeada desde el principio, ya que duró 3 años, desde 859 a 862. Esta es la más larga campaña de saqueo conocida, y fue protagonizada por Hastein y Bjorn *Costillas de Hierro* (hijo del rey danés Ragnar Lodbrok), con 62 barcos. Las costas gallegas, portuguesas, andaluzas y norteafricanas volvieron a ser testigos del paso de los vikingos, pero esta vez no consiguieron entrar por el Guadalquivir hacia Sevilla, ya que Abderramán había organizado una flota de guerra que no sólo les impidió el paso, sino que les incendió algunos barcos con algo similar al «fuego griego», grandes bolas de betún ardiendo.

La gran novedad de esta expedición es que cruzaron el estrecho de Gibraltar y se adentraron por el Mediterráneo, atacando Orihuela y haciendo que los habitantes de las islas Baleares, habituados a lo largo de su historia a todo tipo de piratas meridionales, conocieran también el terror nórdico. Remontando el río Ebro y algunos de sus afluentes, llegaron a Pamplona, donde secuestraron al rey de Navarra, García Íñiguez, por el que consiguieron un cuantioso rescate.

Más tarde destruyeron Ampurias y reanudaron el viaje. Pasaron el invierno en la región francesa de la Camargue para continuar después hasta la ciudad italiana, ahora inexistente, de Luna, que, posiblemente, confundieron con Roma. Regresaron con un buen botín, pero también con muchas pérdidas humanas y de barcos.

Las siguientes expediciones se realizaron en diversas oleadas entre 966 y 971. Alguna estuvo compuesta en su gran mayoría por daneses procedentes de Normandía, donde habían acudido en ayuda del duque Ricardo, nieto de Rollon. La más importante fue la de 968, con 100 barcos y unos 8 000 hombres, al mando del *jarl* Gundraed, en tiempos en que los nobles del reino cristiano se desentendieron de la defensa hasta el punto de que tuvo que ser el obispo Sisnando, de Santiago de Compostela, quien dirigiese a los gallegos contra los invasores. Poco consiguió, excepto morir en el intento, ya que los vikingos arrasaron varios monsasterios e incluso se internaron por el territorio hasta llegar a la actual provincia de León. Y justo en la leonesa Colegiata de San Isidoro se guarda el único objeto vikingo encontrado en España: una cajita de asta de ciervo, tan pequeña que se desconoce su utilidad, que fue legada a la Colegiata por Fernando I en 1063. Tal vez pertenecía a alguno de aquellos *lordemani* que pasaron algún tiempo en esa provincia, donde, por otro lado, existe un pueblo llamado Lordemanos. ¿Se quedaría por allí alguna partida de vikingos que acabarían integrándose con los nativos, tal como ocurrió en tantos sitios? Por otro lado, esa denominación sería adaptada por los escritores de Al-Ándalus con la forma *ordomaniyun*.

Dos años después, sin que se sepa a ciencia cierta si era una nueva invasión o la continuación de la anterior, se produce la toma de Santiago, internándose por la ría de Arosa, que guarda cierta similitud con los fiordos nórdicos. De seguro saquearon la aldea de Catoira, donde actualmente se celebra una Romería Vikinga todos los veranos, y donde se construyeron las *Castellum Honesti* (ahora llamadas Torres del Oeste), levantadas por Alfonso V y reconstruidas por los obispos Cresconio y Gelmírez. Pero aquellos vikingos tuvieron que enfrentarse a las tropas del conde Gonzalo Sánchez y el obispo Sisnando, que los vencieron y expulsaron, aunque seguirían rumbo sur para internarse por el río Duero. (Aquel Sisnando moriría en otra incursión, estando al mando en la defensa de las torres de Catoira).

La siguiente gran incursión (hubo otras de las que sólo se registraron leves menciones en las crónicas de la época), se atribuye a Olav Haraldsson antes de ser rey de Noruega. En 1015, la localidad gallega de Tuy fue incendiada, saqueada, su obispo torturado y el conde secuestrado. Posiblemente, Haraldsson siguiera hacia el sur, como sus correligionarios anteriores habían hecho, pero no hay indicios de que hiciese más saqueos. Su biografía sólo cuenta que alguien de aspecto majestuoso le indicó en un sueño que se volviese a su país porque allí reinaría eternamente. No le faltó razón al individuo del sueño, fuera quien fuese, ya que Olav llegaría a ser rey y santo patrón de Noruega, poniéndose además infinidad de iglesias bajo su advocación por todo el norte europeo. Sin duda, hizo suficientes méritos como para que la Iglesia le perdonase la cantidad de cristianos, clérigos y laicos, que masacró o esclavizó desde su primera expedición en Inglaterra, cuando contaba tan sólo con doce años de edad.

Hubo otras incursiones posteriores, aparentemente de menor importancia, como la protagonizada por un tal Ulf

Galizu, de Dinamarca, que recibiría su apodo (*el Gallego*) tal vez por repetir el destino de sus salidas veraniegas o porque pasó en Galicia alguna temporada.

Una vez terminada la «era vikinga» hubo algunos normandos entre los mercenarios de Alfonso de Aragón que derrotaron el obispo Gelmírez, o entre los de la condesa Ermensinda de Barcelona, contra musulmanes de Valencia y Baleares. También se repitieron algunos saqueos de vikingos procedentes de las islas Orcadas, donde continuaron con esta forma de vida cuando los demás ya la habían abandonado. Y otros de los noruegos del rey Sigurd, que iban a las cruzadas y no debían de saber que los habitantes del norte de España eran cristianos como ellos.

¿Qué hubiera pasado si los que llegaron por estas costas hubieran sido comerciantes, como ocurrió en la Ruta del Este, en vez de saqueadores? Seguramente se hubiera creado una Ruta del Oeste, más fácil de recorrer para noruegos y daneses, a la que se hubieran sumado los colonos de Irlanda, Inglaterra o Normandía. Esta ruta se podría haber establecido a lo largo de las ciudades ya existentes, las mismas que fueron asaltadas, extendiendo considerablemente el alcance de los productos que circularon tanto por el mundo nórdico como por el hispano-musulmán.

Para finalizar este artículo, citemos una leyenda de Cantabria: un día, desembarcaron en la playa de Laredo unos vikingos. Como la mayoría de los hombres de esa zona estaba lejos de allí, enzarzada en la guerra contra los musulmanes, les

Torres del Oeste, en Catoira, tomadas cada verano durante la Romería Vikinga. Fueron una de las muchas obras defensivas que tuvieron que construirse en Europa en previsión de nuevos ataques vikingos.

tocó a las mujeres resolver el problema.

Invitaron a los vikingos a una fiesta en la que se les sirvió vino de Rivadavia con generosidad. Alguna bruja debía de haber entre aquellas mujeres, pues dentro de la bebida habían echado una sustancia hecha a partir de las hojas de boj. Y los fieros guerreros vikingos se quedaron totalmente paralizados, tal como estaban en el momento en que el bebedizo les hizo efecto. Y tal que así fueron depositados en una gran caverna que había debajo del pueblo. Y allí deben de seguir...

Tiempo más tarde, unos pastores vieron a lo lejos las características velas cuadradas de los *drakkars* vikingos, y corrieron a dar la voz de alarma. Los habitantes de esa región se escondieron donde pudieron mientras el conde de Laredo se preparaba para repeler el ataque. Cuando se acercaron a la playa para averiguar qué había pasado, se encontraron con que los vikingos simplemente querían descansar un poco tras una larga y fatigosa travesía.

Justamente por eso expresaron su intención de regresar a aquel lugar con el fin de establecer un puerto en el que los vikingos pudieran hacer escala cuando realizaran viajes a, y desde el Mediterráneo. La petición les fue admitida, pero con la condición de que no usasen sus armas en tierra y respetasen a los cristianos, además de que podrían tomar mujeres del valle como compañeras.

No hay noticias de que tal proyecto llegara a realizarse, pero es posible que aquellos vikingos no llegaran a irse de aquel bonito paraje donde había tantas bellas mujeres. De ahí puede venir el hecho de que, durante siglos, las mujeres del valle de Liendo sólo quisieran casarse con hombres de aquel pueblo, descendientes de aquellos vikingos.

ALGUNOS ANECDÓTICOS VIKINGOS

EGIL SKALLAGRIMSSON, islandés, recitó su primera poesía en público a los tres años, a los siete cometió su primer asesinato y a los doce se enfrentó con las armas a los hombres del rey de Noruega. Fue, a partes iguales, buen guerrero mercenario, vikingo, poeta y maestro de runas.

Hakon Sigurdarsson fue asesinado por su esclavo de confianza, con el que huyó cuando Olav Trygvason regresó a Noruega reclamando el trono de su padre y la muerte del usurpador, es decir, Hakon. El esclavo, al enterarse de la recompensa ofrecida, no dudó en cortarle la cabeza a su amo; pero al llevarla ante el nuevo rey, este, tal vez pensando en qué pasaría si se propagaba la noticia y cundía el ejemplo, mandó ejecutar al esclavo.

Gongu-Hrolf, o sea el Hrolf *el Errante*, que llegó a convertirse en Rollon, duque de Normandía, tenía ese apodo por no tener tierras propias, seguramente por ser hijo segundón, por lo que tuvo que "salir de vikingo" para poder hacer fortuna.

Knud *el Grande*, rey vikingo de Inglaterra, prometió a un tal Edricson (un noble inglés que había asesinado a su rey Edmund, principal enemigo de Knud) hacerlo llegar más arriba de lo que lo había hecho cualquier otro noble inglés. Poco le duró la sonrisa a Edricson cuando vio de qué manera se iba a cumplir la promesa: su cabeza fue clavada en la almena más alta de la Torre de Londres.

Magnus *el Santo*. En la *Saga de las Orcadas* se dice que era alto, sabio, generoso y buen guerrero. A esto hay que añadir que se mantuvo casto, incluso tras casarse con una joven escocesa. El narrador de la saga añade: *"Tenía muchas otras cualidades, pero sólo el Señor las conoce, pues él las ocultó a los hombres"*. Tras su muerte, sucedieron algunos milagros, lo que ocasionó que la iglesia donde fue enterrado recibiera peregrinos que querían curar sus males.

Magnus *Piernas Desnudas*, hijo de Olav *el Tranquilo*, apodado así porque le gustaba vestir al «modo céltico», es decir, con falda. Murió luchando contra los irlandeses.

Egil Skallagrimsson es el protagonista de la saga islandesa más popular. Su *Sonatorrek (La pérdida del hijo)* está considerada como una de las cumbres de la poesía medieval europea. (Fjorukrain, Hafnarfjordur, Islandia)

Olav *el Tranquilo*, hijo de Harald Hardrada, debe su apodo a que no libró ninguna batalla, cosa realmente insólita para un rey de aquella época.

Olav Haraldsson, antes de ser rey de Noruega, entró por el Támesis hasta Londres, derribando su puente con garfios de asalto y originando, de paso, un célebre estribillo que cantarían los ingleses durante siglos *(London bridge is falling down...)*.

Olav Tryggvason mandó construir el barco de guerra más grande conocido entre los vikingos. Se llamaba Serpiente Larga y medía cerca de 50 metros de largo. De este Olav se decía que era capaz de arrojar dos lanzas a la vez.

Onund *Pie de Árbol* fue llamado así por la prótesis que tuvieron que ponerle tras perder el suyo en la batalla de Harfrsfjord.

Rollon, al ser nombrado duque de Normandía, tenía que realizar el ritual de arrodillarse ante el rey Carlos y besarle el pie. Como no estaba dispuesto a algo que él consideraba una humillación indigna de su categoría, mandó a uno de sus hombres que lo hiciese por él. Pero el elegido, que tenía que obedecer órdenes pero tampoco estaba por la labor, se limitó a agarrar el pie del rey y subirlo de un tirón para poder besarlo, pero no llegó a esto último, porque el rey se cayó del trono.

Años más tarde, Rollon, antes de morir, por un lado entregó cantidades de oro a las iglesias de su territorio, y por otro ordenó sacrificios humanos en honor a los dioses vikingos. Por si acaso.

Sigtrygg *Barba de Seda*, último rey vikingo de Dublín, era hijo de una antigua esposa del rey irlandés Brian Boru y estaba casado con una de las hijas que éste había tenido con otra de sus esposas, mientras que el rey irlandés se casó con la madre de Sigtrygg. En 1014 se enfrentaron ambos reyes. Sigtrygg tuvo como aliado a un cuñado de Brian y al gobernador de la isla de Man que, en medio de la contienda, se encontró a su hermano entre el enemigo. En la batalla de Clontarf, ganada por los irlandeses, murieron los dos reyes.

Svyatoslav de Kiev fue el primer rey de Rus que ya no tenía nombre nórdico. A pesar de su título y riquezas, le gustaba dormir a la intemperie con la montura de su caballo como almohada. Murió en una emboscada tendida por los pechenegos, que recubrieron su cráneo de oro y lo usaron como copa para beber.

Thorgils, el primer rey vikingo de Irlanda, murió al ser ahogado por la hija del rey de la provincia de Meath, cuando acudió a una supuesta cita amorosa al lado de un lago.

Thorvald Eriksson, hijo de Erik *el Rojo*, sería el primer vikingo muerto en Vinland, tras ser herido por una flecha de los nativos, a los que llamaron *skrealing*.

Kveld-Ulf, abuelo de Egil Skallagrimsson, fue un *berserker* noruego que se casó y llegó a viejo, cosa que no debía de ser muy habitual en este tipo de personajes; además era un rico hacendado que se levantaba al amanecer para cuidar de sus tierras y se preocupaba por sus campesinos. Eso sí, en los atardeceres se transformaba de tal manera que la gente sabía que era mejor no estar cerca de él.

Vladimir, rey de Rus, para mantener buenas relaciones con el emperador de Bizancio, se convirtió al cristianismo ortodoxo y se casó con su hermana, tras lo cual mandó a todos sus súbditos al río Dnieper para que fuesen bautizados en masa.

ALGUNOS LUGARES DE INTERÉS

DINAMARCA. En COPENHAGUE está el Museo Nacional; la sección vikinga tiene una considerable colección de piedras rúnicas, utensilios, joyas, armas y maquetas de ciudades.

A pocos kilómetros de Copenhague se encuentra ROSKILDE, que fue la antigua sede de los reyes daneses. Bajo las aguas del fiordo se encontraron 5 barcos hundidos que ahora se muestran en el museo. También hay una sala de vídeo donde se ve el proceso completo que siguieron los barcos tras su descubrimiento.

En la isla de Fionia están los restos de la antigua fortaleza de TRELLEBORG y el barco-tumba de LADBY, único enterramiento con barco encontrado en Dinamarca, perteneciente a un jefe potentado, aunque su cuerpo no se encontraba en la tumba; se supone, como ha ocurrido en otros casos, que sus sucesores cambiaron los restos a un cementerio cristiano. En la misma isla se encuentra GLAVENDRUP, donde está la piedra rúnica con la inscripción más larga encontrada en Dinamarca y un *skeppsättning* o barco de piedra (tumba con piedras simulando el contorno de un barco).

En la península de Jutlandia está el cementerio de LINDHOLM HOJE, a las afueras de Aalborg, que permaneció cubierto por una capa de cuatro metros de arena a consecuencia de una enorme tormenta que aconteció hace más de mil años. Hay restos de unas setecientas tumbas y un campo que fue abandonado justo mientras lo araban. El cercano museo muestra algunos objetos encontrados en las tumbas; también hay unos paneles con modelos que reconstruyen algunas escenas cotidianas de la vida en aquel lugar. Durante el verano, se organiza un mercado y se representa una obra teatral al aire libre. En FYRKAT, cerca de Hobro, están los restos de una de las cuatro fortalezas circulares que el rey Harald *Dienteazul* mandó construir en Dinamarca; cerca de allí han reconstruido una granja y hacen una representación teatral de temática vikinga a comienzos de junio. En MOES-GARD, cerca de Arhus, está el Museo Prehistórico, con una buena sección vikinga con piedras rúnicas coloreadas; también han construido reproducciones de una casa y una iglesia.

Siguiendo en Jutlandia, en JELLING se encuentran las más importantes piedras rúnicas de Dinamarca: las de los reyes Gorm y su hijo Harald *Dienteazul*. Dos grandes túmulos están separados por la iglesia que sustituyó al templo pagano. En el cercano lago Farup, hay una réplica de un *drakkar*, al que le han dado el nombre de Jelling Orm, la Serpiente de Jelling. En la ciudad de RIBE, la más antigua de Dinamarca, hay un Museo de la Ciudad con una sección dedicada a los objetos encontrados en la antigua ciudad- mercado. En la planta superior hay una curiosa sala llamada «el Ojo de Odín», con un sistema interactivo que responde sobre los más diversos aspectos del mundo vikingo. A las afueras de Ribe está el Vikingecenter, poblado reconstruido con un mercado de artesanos y réplicas de varias casas.

Piedra rúnica del Museo de Moesgard. A este tipo de imágenes se les llama «de rostro gesticulante». Tal vez represente a un *landvaettir* o espíritu guardián de una región, e incluso de una granja, que no dejaría pasar a quienes llegasen con malas intenciones.

NORUEGA. En OSLO se encuentra el Museo de Barcos Vikingos, con los navíos de Oseberg y Gokstad, rescatados bajo la tierra y la turba después de mil años.

VIKINGLANDET, a unos 20 km de Oslo, es un interesante poblado vikingo reconstruido dentro de un gran parque de atracciones. Se muestran las diversas actividades de su vida cotidiana: cardar lana, fundir hierro, tallar ídolos de madera, grabar piedras rúnicas y hasta la representación de varios juicios en la asamblea popular, además de poder contemplar cómo era el interior de las casas.

STIKLESTAD, cerca de Trodheim, es famoso por dar nombre a una importante batalla en 1030, en la que murió Olav Haraldsson, conocido poco después como San Olav,

Museo de Barcos Vikingos de Oslo, construido especialemente para acoger a los encontrados en Gokstad y Oseberg. Estos fueron barcos del siglo IX utilizados como tumbas para una mujer (posiblemente la reina Aga, madre de Halfdan *el Negro* y abuela de Harald *el de Hermosos Cabellos*) y un jefe guerrero (posiblemente Olav Geirsatadalv, hijastro de Aga), tal como era la costumbre entre las personas ricas de aquellos tiempos.

frente a las tropas que, desde Dinamarca, organizó Knut *el Grande*. Pasado el tiempo, en el campo de batalla se levantó una iglesia y, según se cuenta, el altar fue la misma piedra sobre la que Olav descansó su cabeza justo al morir. Ahora también hay un centro cultural donde puede seguirse la evolución del rey santo noruego. Todos los 29 de junio, aniversario de la batalla, se representa una obra musical.

En Borg, archipiélago de LOFOTEN, está el Lofotr Vikingmuseum, levantado en el lugar donde se encontró una gran casa de 83 metros, la más larga conocida de la era vikinga. También tienen una réplica del barco de Gokstad.

SUECIA. En el Museo de Historia de ESTOCOLMO pueden verse numerosas piedras rúnicas, la mayoría procedentes de Gotland, y la llamada Sala del Oro, con cientos de joyas y monedas, incluyendo el *Tesoro de Timboholm,* el más importante descubierto hasta la fecha en Suecia.

Cerca de Estocolmo, a través del lago Mälar, se llega a la isla de Björko, donde estuvo el mayor centro comercial vikingo, llamado BIRKA, que también fue el primer asentamiento urbano de Suecia. Ahora sólo quedan numerosos túmulos. Lo demás hay que imaginárselo: la ciudad fortificada sobre el lecho rocoso, el embarcadero de madera a donde llegaban mercaderes de lejanos países, el barrio comercial con sus casas de troncos. Una gran cruz metálica recuerda que hasta aquí llegó el monje Ansgar en su intento por cristianizar a aquellos bárbaros politeístas. Un museo recoge los objetos encontrados en los túmulos y una maqueta de cómo pudo ser la ciudad.

En la cercanas ciudades de UPPSALA y SIGTUNA están los *kungshögarna,* grandes túmulos de los antiguos reyes, la iglesia que se erigió en el emplazamiento del legendario templo pagano donde se hacían grandes sacrificios y numerosas piedras rúnicas.

FOTEVIKEN, cerca de Malmo, es un poblado reconstruido que, durante el verano, recobra vida con actividades de todo tipo relacionadas con el período vikingo.

En la isla de GOTLAND está el Museo de Historia, con las mejores piedras rúnicas encontradas hasta la fecha. También los objetos que cada año salen a la luz cuando los campesinos preparan sus campos para la cosecha.

ISLANDIA. En el campus universitario de REYKJAVIK se encuentra el Instituto Arni Magnusson, donde se conservan los manuscritos de las sagas que han sobrevivido. También hay una estatua de Ingolfur Arnarson, fundador de Reykjavik, y otra de Leif Eriksson, hijo de Erik *el Rojo*.

A pocos kilómetros está THINGVELLIR, el lugar donde se estableció dicho *Althing* o parlamento.

En HAFNARFJÖRDUR, a 15 km de Reykjavik, hay un restaurante llamado Fjörukráin, construido al estilo de las edificaciones vikingas, donde se hacen fiestas vikingas. También organizan allí un festival bianual.

En INGOLFHOLDI hay un monolito de piedra que conmemora el lugar al que llegó el que se ha considerado como primer colono islandés, Ingolfur Arnarson.

En STÖNG se encuentra uno de los pocos restos arqueológicos de una granja vikinga.

En PJODVELDISBAERINN hay una réplica de una casa de turba del tiempo de las sagas y una pequeña iglesia de madera.

En BORGAMES, cerca de donde estuvo la granja de Egil Skallagrimsson, está la tumba de su padre y una escultura homenaje al gran poema *Sonatorrek* (La pérdida irreparable del hijo).

Estatua de Ingolfur Arnarson, nacido en Noruega. Fue el primer colono estable de Islandia (874), que levantó su granja en lo que después llegaría a ser la capital del país y que él llamó Reykjavik (Bahía Humeante). Algunos restos de la misma se han encontrado en el actual barrio de Adalstraeti.

En REYKHOLT hay un centro cultural dedicado a Snorri Sturluson, a quien debemos algunos de los mejores textos sobre los vikingos; la piscina redonda donde se bañaba con aguas termales fue reconstruida en 1959. En ese mismo lugar puede verse la estatua que hizo Gustav Vigeland, regalo de Noruega (tal vez como compensación por haber sido un rey noruego quien instigase el asesinato de Snorri).

En EIRIKSTADIR están las ruinas de la casa donde vivió Erik *el Rojo* antes de trasladarse a Groenlandia, y donde nació su hijo, Leif *el Afortunado*. Ahora se ha construido una casa de piedra y turba siguiendo las proporciones de los restos que se han encontrado.

GROENLANDIA. Cerca de QASSIARSUK están los restos y una reconstrucción de Bratahlid, la granja de Erik *el Rojo*. En el museo de la ciudad hay una sección dedicada a la época nórdica. En DYRNAES, cerca de Narsaq, hay unas ruinas nórdicas.

CANADÁ. En L'ANSE AUX MEADOWS, isla Newfoundland, cerca de la península del Labrador, hay una reconstrucción de la granja de los primeros colonos europeos en América. El lugar ha sido declarado por la UNESCO Patrimonio Histórico de la Humanidad.

ISLAS FEROE. En TORSHAVN, la capital, está el lugar donde se estableció la primera asamblea vikinga en 825, llamada Logtingid. Tienen su propio idioma escandinavo. En KVIVIK se ha encontrado una granja de los tiempos vikingos.

INGLATERRA. En YORK se encuentra el Jorvik Viking Center, con una reconstrucción de la ciudad vikinga de Jorvik, que incluye sonidos y aromas de aquella época. Algunos modelos humanos han sido reconstruidos a partir de los esqueletos encontrados en las excavaciones arqueológicas, usando las tecnologías utilizadas por los cirujanos plásticos para mostrar a sus clientes la evolución que experimentará su físico tras la posible intervención. Durante una semana del mes de febrero se celebra el multitudinario y espectacular Jorvik Viking Festival, donde cientos de personas escenifican grandes batallas, además de desfiles y otros acontecimientos sociales.

En la ISLA DE MAN aún cuentan con una *Thing* de 24 miembros que se reúnen en un lugar llamado TYNWALD HILL, donde tenían lugar las asambleas vikingas, el 5 de julio. Allí hablan de asuntos relacionados con las leyes, que son leídas en *manx* (dialecto nórdico) e inglés.

ESCOCIA. En el Museo Nacional de Escocia, en EDIMBURGO, hay un esqueleto completo y armas y joyas rescatadas de restos arqueológicos. También una piedra rúnica y piezas del ajedrez encontrado en la isla de Lewis.

En LERWICK (islas Shetland) se celebra, a mediados del invierno, un festival llamado Up Helly Aa, con un desfile de cientos de vikingos iluminando la noche con antorchas y arrastrando un barco de guerra por las calles, que será más tarde incendiado. Fiestas similares se repiten durante las semanas siguientes en Nesting, Northmavine, Cullivoe y Brae.

En LARGS hay una torre conmemorativa por haber tenido allí lugar la última batalla entre vikingos y escoceses. En septiembre organizan un festival con un simulacro de esta batalla. También está Vikingar, un centro vikingo con la reproducción del interior de una casa, un espectáculo audiovisual y una zona dedicada a los niños.

IRLANDA. El Museo Nacional de Irlanda, en DUBLÍN, tiene la colección nacional de antigüedades, con miles de objetos hallados en diferentes enclaves vikingos de la isla. Muchos de ellos fueron encontrados en Kilmainham-

Entrada del Jorvik Viking Center, en el que puede verse cómo era la vida cotidiana en aquella ciudad en los tiempos en que fue la capital del Danelag, el reino vikingo de Inglaterra.

Islandbridge, uno de los mayores cementerios vikingos fuera de Escandinavia.

En Wexford hay un museo al aire libre llamado Irish Heritage, con una casa vikinga y la reproducción de un barco.

FRANCIA. En el museo de la ciudad de BAYEUX se encuentra el Tapiz de Bayeux, de 70 metros de largo y con 58 escenas que muestran la forma de vida, vestimentas, armas, barcos y animales de los normandos (descendientes de vikingos). En el jardín del Ayuntamiento de la ciudad de ROUEN está la estatua de Rollon, el primer duque de Normandía.

ALEMANIA. SCHLESWIG fue una ciudad danesa (la antigua HEDEBY), ahora alemana, donde se han rescatado unos 340 000 objetos, parte de los cuales se exhiben en el museo Wikinge Haithabu.

POLONIA. La actual isla de WOLIN se llamó Jomsborg en tiempos vikingos, y llegó a ser un importante asentamiento donde convivían varios pueblos en el siglo X. Un museo muestra los objetos encontrados en las excavaciones arqueológicas. Todos los años se celebra un festival de varios días de duración.

LETONIA. En la región de GROVINA se han encontrado cementerios con numerosas tumbas y piedras rúnicas similares a las de Gotland (Suecia). En el lago ARAISI se encontraron los restos de una fortaleza, que ha sido reconstruida como un museo al aire libre.

FINLANDIA. En el Museo Nacional, en HELSINKI, hay una sección con bastantes restos arqueológicos vikingos. También hay algunos en el Castillo de TURKU. En el Archipiélago de esta ciudad está la isla ROSALA, donde se ha construido un poblado vikingo. En las islas ALAND se organizan, durante el verano, los mercados de Hlödver y Kvarnbo.

ESPAÑA. En el pueblo gallego de CATOIRA (Pontevedra) se celebra la Romería Vikinga, cada primer domingo de agosto, con el desembarco de un *drakkar* cargado de vikingos que atacan los restos de las murallas del Oeste; en estas murallas también se hace una representación teatral con motivos vikingos, en idioma gallego.

En la Colegiata de San Isidoro, en LEÓN, hay una cajita de hueso con tapa metálica, recubierta con los típicos ornamentos vikingos. Es la única encontrada de este tipo y no se sabe nada acerca de su procedencia y uso.

ACONTECIMIENTOS RELEVANTES EN LA CRONOLOGÍA VIKINGA

793   Saqueo del monasterio de Lindisfarne.

795   Primeros saqueos en Escocia e Irlanda.

799   Primer ataque a Aquitania por parte de noruegos procedentes de Irlanda.

810   El rey danés Godfred ataca la región de Frisia (actuales Países Bajos) con 200 barcos.

814   Muere Carlomagno, quedando su imperio fragmentado.

823   El primer misionero cristiano, el arzobispo Ebo de Reims, llega a Dinamarca.

826   El obispo germano Ansgar llega a Hedeby y otras ciudades danesas.

830   Visita de Ansgar a Birka. El rey Björn le autoriza a predicar.

834   Primera gran incursión contra las tierras cristianas. Dorestad, en Frisonia, la ciudad más rica de Europa, es asaltada e incendiada.

839   Los vikingos suecos llegan a Constantinopla, donde son llamados varegos.

841   Fundación de Dublín.

843   Primer ataque importante de los daneses al Imperio Carolingio. Incendian Ruán y provocan una masacre en Nantes.

844   Primeros ataques a las costas hispanas. Incendian y saquean Sevilla, tras pasar por las costas gallegas y Lisboa.

845 Primer saqueo de París.

845 Embajada de Al-Gazal, en nombre de Abderramán II, a un reino vikingo.

850 Construcción de las primeras iglesias cristianas en Hedeby y Ribe.

850 Establecimiento en las islas Orcadas y Shetland.

850 Se entierra el barco de Oseberg y se construye el de Gokstad. Ambos serían encontrados casi intactos un milenio después.

852 Ansgar inicia su segunda misión evangelizadora por Suecia. Esta vez no será tan bien recibido.

857 De nuevo, París es incendiada y saqueada.

862 Vikingos suecos acaudillados por Rurik toman posesión de la población eslava que pasaría a llamarse Novgorod (Ciudad Nueva).

866 Los varegos sitian la ciudad de Constantinopla hasta que consiguen permiso para negociar libremente.

867 Conquista de la ciudad de York, que será el centro del reino vikingo en Inglaterra (Danelag).

872 El rey Harald *el de Hermosos Cabellos* unifica Noruega.

874 Se inicia la colonización de Islandia.

882 Se unifican Novgorod y Kiev en el Reino de Rus, origen del futuro imperio ruso.

885 Sitio de París durante un año.

907 Los varegos intentan sitiar otra vez Constantinopla.

911 El rey francés Carlos *el Calvo* cede los territorios que se llamarán Normandía a Rollon y sus hombres.

922 El embajador persa Ibn Fadlan escribe su crónica acerca de los vikingos que conoció en el país de los búlgaros.

933 Se establece el estado islandés, siendo el único sin monarquía en la Europa medieval.

944 Los varegos consiguen del emperador de Bizancio un tratado comercial especialmente ventajoso.

954 Finaliza el Danelag con la muerte del rey Erik *Hachasangrienta*.

960 Harald *Dienteazul* de Dinamarca es bautizado, y cristianiza Dinamarca.

965 Se cierran muchas minas de plata árabe, lo que hace que el comercio con oriente comience a decaer.

970 Vikingos daneses, tras haber combatido en Normandía, toman Santiago de Compostela.

975 Se abandona la que fue la próspera ciudad sueca de Birka.

977 Descubrimiento de Groenlandia.

980 El emperador de Bizancio recluta mercenarios varegos para su guardia personal.

985 Muere en Islandia Egil Skallagrimsson, el mejor poeta vikingo.

986 Erik *el Rojo* establece la primera colonia de Groenlandia.

987 Muere Harald *Dienteazul* y es enterrado en Roskilde.

988 El príncipe rus Vladimir se convierte al cristianismo y hace que sus súbditos se bauticen en masa en el río Dniéper.

989 Vladimir manda 6.000 hombres para ayudar al emperador Basil II. Ese será el embrión de la guardia varega.

991 Se alían los reyes Olav Tryggvason de Noruega y Sveind *Barbapartida* de Dinamarca contra Inglaterra, donde consiguen cobrar un *danegeld* de 22.000 libras de plata.

1000 La Asamblea de Islandia decreta la conversión al cristianismo.

1000 Llegada al continente americano (Vinland) de Leif *el Afortunado*, hijo de Erik *el Rojo*.

1001 El rey inglés Ethelstan ordena la muerte de todos los daneses que se encuentren en su territorio.

1013 Tras doce años de ataques, Sveind *Barbapartida* conquista Inglaterra y se hace coronar.

1014 El rey irlandés Brian Boru derrota definitivamente a los vikingos en la batalla de Clontarf.

1016 Canud *el Grande*, hijo de Sveind, es proclamado rey de Inglaterra.

1027 Canud *el Grande* peregrina a Roma.

1030 El rey Olav Haraldson de Noruega muere en la batalla de Stiklestad. Poco después se le nombrará santo.

1042 Muere Harthknud, último rey vikingo de Inglaterra.

1049 El rey Harald Hardrade de Noruega incendia la ciudad danesa de Hedeby.

1066 Harald Hardrade llega a Inglaterra para reclamar el trono, pero es derrotado en la batalla de Stamford Bridge. Eso lo conseguirá unos días después el normando Guillermo *el Conquistador*, tras salir victorioso en la batalla de Hastings.

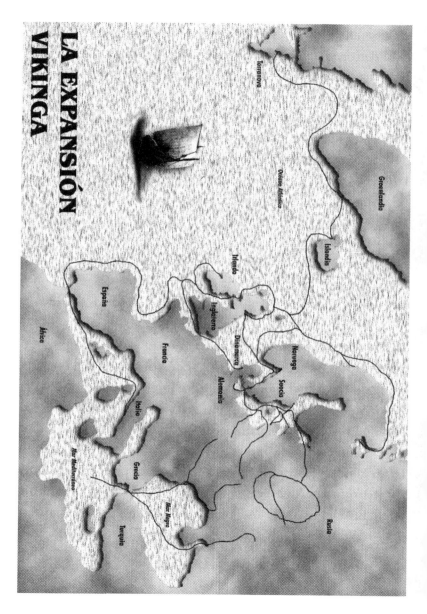

LA EXPANSIÓN VIKINGA

Las nueve nobles virtudes de los Vikingos

Coraje
Se audaz y valeroso. Lucha por tus convicciones.

Honor
Actúa con nobleza y según tus principios.

Laboriosidad
Permanece activo y trabaja siempre poniendo
todo de tu parte

Lealtad
Mantente fiel a ti mismo, tu familia, amigos, grupos de los
que formas parte, y a los dioses y diosas.

Sinceridad
Se sicnero en todas las ocasiones, con los otros
y contigo mismo

Autonomía
Ten la personalidad, libertad y buen juicio
para actuar libremente.

Autodisciplina
Lucha contra el desorden externo e interno.
Crece como persona.

Perseverancia
Consigue lo que te propones y haz las cosas hasta sentir
que están completas y bien hechas.

Hospitalidad
Comparte las cosas libremente con los demás, sobre todo
con los viajeros que acudan a tu casa.

LOS VIKINGOS EN LA RED

El Drakkar (Web del autor). En castellano:
http://www.manuelvelasco.com

MUSEOS Y LUGARES PARA VISITAR

Vikingskipshuset (Museo de barcos vikingos. Oslo, Noruega). En noruego e inglés: *http://www.khm.uio.no*

Lofotr (Museo vikingo. Islas Lofoten, Noruega). En noruego e inglés: *http://www.lofotr.no*

Vikingeskibs Museet (Museo de barcos vikingos en Roskilde, Dinamarca). En inglés, alemán, francés y danés: *www.vikingeskibsmuseet.dk*

Ribes Vikinger (Museo vikingo de Ribe, Dinamarca). En inglés, alemán y danés: *www.ribesvikinger.dk*

Jorvik Viking Centre (York, Inglaterra). En inglés: *www.vikingjorvik.com*

Foteviken (Museo vikingo de Foteviken, Suecia). En inglés y sueco: *www.foteviken.se*

OTROS SITIOS DE INTERÉS

The World of the Vikings. En inglés.
www.worldofthevikings.com
Viking Heritage (de la Universidad de Gotland, Suecia).
En ingles: *viking.hgo.se*

The Viking Network. En sueco e inglés: *www.viking.no*

BBC – Vikings. En inglés:
www.bbc.co.uk/history/ancient/vikings

NOVA – Vikings. En inglés:
www.pbs.org/wgbh/nova/vikings

Saga de las Orcadas. En inglés: *orkney-jar.com/history/saga.htm*

Destination Viking. En inglés: *www.destinationviking.com*

North Atlantic Saga. En inglés: *www.mnh.si.edu/vikings*

Viking Ship Home Page. En inglés:
www.pitt.edu/~dash/ships.html

BIBLIOGRAFÍA EN ESPAÑOL

TEXTOS CLÁSICOS

TEXTOS MITOLÓGICOS DE LOS EDDA. Snorri Sturluson. Editora Nacional, 1983.

LA SAGA DE LOS GROENLANDESES, LA SAGA DE ERIK EL ROJO. (trad. Antón y Pedro Casariego) Siruela, 1988.

LA SAGA DE EGIL SKALLAGRIMSON. Snorri Sturluson. Miraguano, 1988.

LA SAGA DE RAGNAR "CALZAS PELUDAS" (trad. Santiago Ibáñez) Tilde, 1998

LA ALUCINACIÓN DE GYLFI. Snorri Sturluson. Alianza Editorial, 1984.

SAGA DE LOS HABITANTES DE EYR (trad. M. Pilar Fernández y Teodoro Manrique) Tilde, 2000

EDDA MAYOR. Snorri Sturluson. (trad. Luis Larate) Alianza Editorial, 1986.

EDDA MENOR. Snorri Sturluson. (trad. Luis Larate) Alianza Editorial, 1984.

SAGA DE LAS ISLAS ORCADAS. (trad. Javier E. Díaz Vera) Minotauro, 1999.

SAGAS ISLANDESAS. (trad. Enrique Bernárdez) Espasa Calpe-Colección Austral, 1984.

SAGA DE HERVOR (trad. Mariano González Campo) Miraguano Ediciones, 2003.

SAGA DE BOSI (trad. Mariano González Campo) Ediciones Tilde, 2003.

SAGA DE GISLI SURSSON (trad. J. Antonio Fernández Romero) Ediciones Tilde, 2001.

OTROS TEXTOS

MITOS NÓRDICOS. R.L. Page. Ediciones Akal, 1992.

LEYENDAS VIKINGAS. Odin Vastag. M.E.Editores, 1996.

LA SAGA DE LOS VIKINGOS. Rudolf Pörtner. Editorial Juventud, 1975.

LOS VIKINGOS EN ESPAÑA. Reinhart P.A. Dozy. Ediciones Polifemo, 1987.

LOS VIKINGOS. Pierre Barthelemy. Ed.Martinez Roca, 1989.

LOS VIKINGOS, REYES DE LOS MARES. Yves Cohat. Aguilar Universal, 1989.

LOS VIKINGOS. Eric Graf Oxenstierna. Caralt Editor, 1977.

LOS BARCOS VIKINGOS. Ian Atkinson. Akal, 1990.

ORÍGENES DE LA CULTURA ESCANDINAVA. James Graham-Campbell. Folio, 1993.

EL PRIMER DESCUBRIMIENTO AMERICANO. Gwyn Jones. Orbis, 1986.

LOS VIKINGOS Y AMÉRICA. Erik Wahlgren. Ediciones Destino, 1990.

LA SAGA DEL ATLÁNTICO NORTE. Gwyn Jones. Oikos-Tav, 1992.

LOS VIKINGOS. Ian Heath. Ediciones del Prado, 1995.

VIKINGOS. Michael Gibson. Molino, 1981.

LOS VIKINGOS. Anne Civardi & James Graham-Campbell. Ed. PLESA, 1986.

LAS RUNAS. Bernard King. Ediciones Temas de Hoy, 1994.

EL TAROT NÓRDICO. DIOSES, SAGAS Y RUNAS. Clive Barrett. Edaf, 1991.

LA VIDA COTIDIANA DE LOS VIKINGOS. Regis Boyer. Olañaeta, 2000.

LOS MITOS GERMÁNICOS. Enrique Bernárdez. Alianza Editorial, 2002.

LOS CISNES DE URD. Carlos de Prada. Ed. Parteluz, 1997.

TRAS LAS HUELLAS DE LOS VIKINGOS. Manuel Velasco. Alcántara, 2000.

LOS VIKINGOS, EL TERROR DE EUROPA. Paddy Griffith. Ariel, 2004.

VIAJE A TIERRA DE VIKINGOS. Jos Martín. Sirpus, 2005.